中国东南沿海沙丘遗址
考古先锋
——意大利麦兆良粤东考古的研究

邱立诚 邓 聪 著
汕尾市博物馆 编

科学出版社
北京

图书在版编目（CIP）数据

中国东南沿海沙丘遗址考古先锋：意大利麦兆良粤东考古的研究 / 邱立诚，邓聪著；汕尾市博物馆编. — 北京：科学出版社，2022.8
ISBN 978-7-03-072655-1

Ⅰ. ①中… Ⅱ. ①邱… ②邓… ③汕… Ⅲ. ①考古发现 – 广东 – 研究 Ⅳ. ①K872.65

中国版本图书馆CIP数据核字（2022）第115279号

责任编辑：张亚娜　张睿洋
责任校对：王晓茜
责任印制：肖　兴
书籍设计：北京美光设计制版有限公司

科学出版社 出版
北京东黄城根北街16号
邮政编码：100717
http://www.sciencep.com
北京华联印刷有限公司 印刷
科学出版社发行　各地新华书店经销

2022年8月第 一 版　开本：720×1000　1/16
2022年8月第一次印刷　印张：9 3/4
字数：145 000
定价：138.00元
（如有印装质量问题，我社负责调换）

编委会

主　任

谢威宣

副主任

林树专　许为务

主　编

邱立诚　邓　聪

编　委

邓　聪　邱立诚　李海荣　练　娟

照　相

邓　聪　邱立诚

序

　　《中国东南沿海沙坑遗址考古先锋——意大利麦兆良粤东考古的研究》的付梓出版，缘起于2021年6月与邱立诚老师在汕尾的一次晤面，其时邱老师受邀又一次莅汕指导工作。邱老师系广东省文物考古研究所副所长，长年致力于史前文化研究，对汕尾地区的史前文化一直予以密切的关注和大力支持。那次邱老师在聊天时饶有兴致地提起，他与香港中文大学邓聪教授合作，对麦兆良神甫在粤东考古期间采集的、现存放于香港博物馆的600多件标本遗物进行了整理和对比研究，基本完成相关资料的整理编撰，正在寻求出版。

　　汕尾沿海的捷胜、马宫、田墘、遮浪一带是麦兆良粤东考古的重要区域，这一带出土的遗物已成为研究粤东史前文化的重要物证。麦兆良神甫在20世纪30年代至40年代在粤东，主要是在汕尾地区开展史前文化田野考古调查，取得丰硕成果，是粤东考古的开山人物，其在粤东采集的标本遗物及研究成果在当时国际考古界引起轰动，填补了华南史前文化考古空白。自麦兆良离开中国后，战火频仍，时世变迁，汕尾地区考古工作渐渐淡出世人视野，沉寂经年。如今邱、邓二位老先生薪火相续，穷研不辍，实为值得庆幸之事。我当即表示可以由汕尾文化部门出资编印，双方遂决定尽快筹划出版，为汕尾考古事业添砖加瓦。

　　岭东汕尾，原海陆丰也。背倚莲花山脉，面朝浩瀚南海；陆路拱惠潮门户，海上扼闽潮台港枢要；海岸线绵延，山海湖林，古谓"阻山带海，溪峒幽邃，岛屿萦回之地也"。加之地处亚热带，海洋性气候温暖湿润，适宜各种生物生存繁衍，实"南海物丰"之地也。1934年在香港传教的英籍芬戴礼神甫，也是一名考古学家，在香港南丫岛进行史前文化考古发掘，听闻汕尾沿海地区多有与南丫岛相类之陶器石器，便专程赴汕，并结识了在汕尾传教的意大利籍麦兆良神甫。他们二位很快在汕尾沿海沙丘发现大量带纹饰的陶片和石器，并开展了一段时间的田野考察，发现了好几个史前文化遗址。芬戴礼离开汕尾后，麦兆良神甫受其深刻影响，继续考古事业，由是完成了人生的一次华丽转身，把考古作为其后半生的事业。从1934年到1946年十余年间，他的考古足迹遍布汕尾沿海地区并扩展到整个粤东及福建部分地区，开启了岭南地区早期考古的先河。他在汕尾沙坑北遗址采集到新石器时代彩陶圈足盘、树皮布石拍，在东坑南遗址采集到商早期带把壶，在拔仔围遗址采集到商后期的圜底钵、长颈尊，在宝楼遗址采集了西周石钺，周代的铲范、锛范等。麦兆良的考古成果主要集中在《粤东考古发现》一书。随后本邑学人，我国人类学奠基人杨成志先生也回乡开展考古调查，同样收获颇丰。可惜杨先生所获遗物失落于抗战时期，至今再无音讯。这个时期，几位先辈考古所得，皆是环珠三角文化、后山文化、浮滨文化等文化形态的典型器物，证明古先民数千年前就在汕尾这片"物丰"沃土采集渔猎、刀耕火种，创造了璀璨的远古文化。

习近平总书记对中华文明传承高度重视，念兹在兹，对考古工作高度关注，作出一系列指示、批示。在中共中央政治局第三十九次就深化中华文明探源工程学习会上，习近平总书记指出，中华文明源远流长，博大精深，是中华民族独特的精神标识和文化根基，要求各级政府务必重视文物和文化遗产保护传承工作，广泛宣传中华文明探源工程研究成果，教育引导群众特别是青少年更好认识和认同中华文明，营造传承中华文明的深厚社会氛围[①]。汕尾市委、市政府对考古工作十分重视，时隔近一个世纪再次启动沙坑文化考古工作，实为承前启后，光耀海陆之大事也。相信《中国东南沿海沙坑遗址考古先锋——意大利麦兆良粤东考古的研究》一书的出版，对岭南考古工作仍然有标本和资料上的比对参考意义，对多角度、多层次探究岭南先民的文化源头、形成及发展图景及各区域文明演进路径等具有重要的学术价值。

汕尾市文化广电旅游体育局局长　谢威宣
2022年8月10日

---

① 习近平：《建设中国特色中国风格中国气派的考古学，更好认识源远流长博大精深的中华文明》，《求是》2020年第23期。

前　言

以习近平同志为核心的党中央提出，要建设中国特色、中国风格、中国气派的考古学，汕尾及粤东的考古，正是这个中国梦的一环。自1934年汕尾沙坑文化遗存发现，至今已有87年；而沙坑文化的提出，从1975年麦兆良（图一）专著《粤东考古发现》的出版算起，迄今也达46年。忆往昔峥嵘岁月稠，在汕尾城区捷胜镇的沙

图一　麦兆良神甫
（依香港考古学会）

坑村，无论是北边还是南边，都有新石器时代遗物的发现，在沙坑文化博物馆展示的只是其中一小部分。我们期待着有更多、更重要的发现，期待着收藏在香港的粤东考古发现的标本与公众见面，进而达到我们出版这本书的目的。

2006年7月，山东大学邓聪教授、广东省文物考古研究所邱立诚副所长及深圳市文物考古鉴定所李海荣副所长应香港历史博物馆邀请，考察一批早期馆藏文物。其中麦兆良神甫的藏品包括粤东及福建等地的考古标本，数量多，种类丰富。年代以新石器时代至青铜器时代为主，部分为汉代文物。1975年由香港考古学会整理出版了麦兆良神甫的《粤东考古发现》[①]一书，只涉及其收藏的一小部分，其余大部分的材料均未有报道，急需进一步整理。

麦兆良的考古工作并不限于海丰一带，他把调查扩大到粤东的大部

---

① 麦兆良：《粤东考古发现》，香港：香港考古学会，1975年。

分地区及福建。他常常住在乡村，骑着一辆前面挂着篮子的自行车四处奔波（图二），与村民合影（图三）。采集文物的工具主要是一把螺丝刀和一把小铲。他身穿黑色道袍，满腮的黑胡子，头戴一顶黑帽，样子特别显眼，当地人对他那滑稽的身影非常熟悉。

麦兆良神甫于粤东及福建收集的标本，一直未有进行进一步的深入研

图二　麦兆良与芬戴礼神甫在海丰进行考古调查
（依香港考古学会）

图三　麦兆良、芬戴礼与村民合影
（依香港考古学会）

究，因此并未能真正反映该批文物的意义。近年广东省粤东、福建省闽南及其邻近地区大量考古新发现，可供对比研究的材料大大增加。我们希望通过对这批材料的深入研究，对标本的年代、考古性质等做出更准确的鉴定，令这批标本发挥更大的作用。

图四　意大利佛罗伦萨一瞥

麦兆良于1891年12月4日出生于意大利佛罗伦萨（图四）的翡冷翠地区，毕业于所属教区的神学院（堂区修院），1915年2月27日成为神甫，同年晋升为司铎。第一次世界大战期间，麦兆良随军服务，战后在家乡当了十年的堂区司铎，之后加入米兰的国外传教协会。1928年被派往香港工作，接着转至粤东沿海的汕尾、海丰一带传教。他曾编了一本地方语言字典——意大利的双语字典，虽然这本字典并没有出版，但却在海丰传教的外国神职人员中广泛传用。

麦兆良对华南考古的兴趣始于1934年，那时他陪同芬戴礼神甫在汕尾进行考古旅行。他真正从事考古田野工作是1936～1946年所做的大量考古调查。仅在海丰一带的遗址中，采集的陶片达85公斤，石器400多件。在他的笔记中提到，一次灾难性的台风使汕尾的教堂毁于一旦，许多文物因而遗失，幸好保存在香港的标本至今安然无恙。

1938年，麦兆良在香港《自然》杂志第三卷第三期发表《海丰的考古收获》，在第三届远东史前史学术会议上发表《南中国考古收获的几个要点》。1952年在马尼拉大学《东亚研究》杂志第二卷第一期及《远东学报》发表了《南中国的考古》，划分了沙坑（SOW）、沙坑南（SOS）、三角尾(SAK)、菝子园（PAT）及径尾(KEB)与宝楼（POL）五个文化类型。1952年，麦兆良的考古专著已接近完成，但有两个遗址的数据（汕尾沙坑南遗址的测定年代是公元前1050±100年；东坑遗址的测定年代是公元前1175±150年）已送到美国哥伦比亚大学做碳十四年代测定还未回来，可惜麦兆良等不到结果就去世了。遗下近二十万字的手稿、田野记录、日记、书信、札记等，后由香港考古学会于1975年出版了《粤东考古发现》一书，刘丽君于1996年在汕头大学出版中译本。他所藏的文物标本，由罗马天主教会捐赠给香港，保存在香港大学（冯平山）博物馆，1969年转至香港市政博物馆保管，1975年由香港历史博物馆收藏。为了纪念这位热心的考古学家，香港历史博物馆于1975年11月举办"麦兆良对广东考古的贡献"展览，于2009年11月举办"探求不息：麦兆良神甫粤东考古藏品"展览，让观众对粤东的考古工作有更深入的了解，希冀人们对其从事的考古工作意义有更多的认识。

这次研究考察了香港历史博物馆收藏的麦兆良于20世纪40年代在广东、福建等地发现的考古藏品604件，主要为粤东及福建地区出土的文物，包括陶器、石器及青铜器，以陶器数量占多。对其进行了详尽的观察、整理、分类，并就其考古学性质、分期、年代和相关问题进行研究。

在香港工作期间，由山东大学邓聪教授及其助理负责考古标本的观察、绘图、拍照等；广东省文物考古研究所邱立诚研究员于2007年6月～2008年1月三次赴港参与研究工作。本项研究是在香港历史博物馆马文光等先生帮助下进行的，并取得了预期的成果。

以下根据器物的特征，以不同时期论述相关器物，并就相关问题进行阐述。

目 录

序　　　　　　　　　　　　　　　　　　　　　　　　　　　　i

前　言　　　　　　　　　　　　　　　　　　　　　　　　　iii

第一章　新石器时代

　　第一节　新石器时代中期的彩陶器　　　　　　　　　　002

　　第二节　新石器时代晚期的树皮布石拍　　　　　　　　028

第二章　青铜器时代

　　第一节　商前期的后山文化　　　　　　　　　　　　　056

　　第二节　商后期至西周前期的浮滨文化　　　　　　　　064

　　第三节　西周后期至春秋时期的大梅沙文化　　　　　　084

　　第四节　战国时期至秦汉初的西瓜岭文化　　　　　　　099

第三章　汉代

　　第一节　澄海龟山建筑遗址　　　　　　　　　　　　　110

　　第二节　广东其他建筑遗址　　　　　　　　　　　　　119

参考文献　　　　　　　　　　　　　　　　　　　　　　130

后　记　　　　　　　　　　　　　　　　　　　　　　　140

照片与线图目录

图一	麦兆良神甫	iii
图二	麦兆良与芬戴礼神甫在海丰进行考古调查	iv
图三	麦兆良、芬戴礼与村民合影	iv
图四	意大利佛罗伦萨一瞥	v
图五	沙坑北遗址出土的彩陶片	003
图六	汕尾捷胜沙坑北遗址彩陶器	003
图七	环珠江口大湾式彩陶器分布图	007
图八	珠江三角洲地区的彩陶器	008
图九	汕尾捷胜沙坑北遗址出土的石拍	029
图十	普宁后山遗址下文化层石拍	040
图十一	普宁后山遗址上文化层石拍	041
图十二	普宁后山遗址石拍的使用痕迹	042
图十三	普宁后山遗址采集石拍	043
图十四	普宁后山遗址石拍面部特征	044
图十五	汕尾出土的玉器	046
图十六	广东出土的玉琮	047
图十七	石峡遗址三期墓葬出土玉玦	048
图十八	中国出土的早期玉玦	050
图十九	日本大阪国府遗址18号墓葬（Ⅳ-3）头骨两侧出土的一对玦饰	051
图二十	汕尾发现的石器	053
图二十一	汕尾发现的石器	053
图二十二	青铜时代早期的陶器	057
图二十三	青铜时代早期的陶、石器	059
图二十四	鸡形陶壶（揭阳）	060
图二十五	南澳、蕉岭的陶尊	064
图二十六	菝仔园文化陶器	065
图二十七	菝仔园文化陶釜	065
图二十八	浮滨文化原始瓷豆	068
图二十九	浮滨文化的陶、石器	068
图三十	浮滨文化的石器	069
图三十一	饶宗颐先生的题字	071

图三十二	浮滨文化的陶器（饶平）	075
图三十三	浮滨文化的戈类	075
图三十四	珠江三角洲地区的浮滨文化遗物	079
图三十五	广东的原始瓷器折腹豆	079
图三十六	青铜戈与石范	082
图三十七	南海区博物馆藏石戈（采集）	082
图三十八	佛山市博物馆藏叶脉纹陶大口尊（采集）	083
图三十九	原始瓷器与陶器	085
图四十	汕尾宝楼遗址出土的石范	087
图四十一	青铜时代的陶器	090
图四十二	西江流域封开牛围山夔纹陶瓿	090
图四十三	汕尾出土的青铜时代陶片	092
图四十四	青铜时代陶器纹饰拓片	093
图四十五	青铜时代石范	095
图四十六	香港的石范	095
图四十七	揭阳石范	096
图四十八	汕尾宝楼遗址出土的人头像匕首	097
图四十九	两广地区的青铜器	097
图五十	西江流域的人首柱形器	098
图五十一	澄海龟山遗址三号房基	111
图五十二	澄海上华镇北陇龟山遗址出土的板瓦	112
图五十三	澄海上华镇北陇龟山遗址出土的筒瓦	113
图五十四	麦兆良采集的广东澄海龟山遗址戳印方格纹陶罐	114
图五十五	澄海上华镇北陇龟山遗址的云纹瓦当	114
图五十六	澄海上华镇北陇龟山遗址的圆形基址	115
图五十七	左：瓷权；中：铜带钩；右：铜箭镞	116
图五十八	左：铜镜；中：玛瑙珠饰；右：玛瑙耳珰	116
图五十九	澄海龟山遗址出土的卷云纹瓦当	116
图六十	麦兆良采集的龟山遗址陶釜	116
图六十一	麦兆良采集的龟山遗址板瓦、筒瓦	117
图六十二	麦兆良采集的龟山陶器上戳印纹	117
图六十三	广东汉代建筑遗址分布图	120
图六十四	广东五华长乐台行宫遗址复原图	122
图六十五	铺地砖与封泥	123
图六十六	汉代铺地砖	126
图六十七	徐闻"万岁"瓦当	128

第一章 新石器时代

第一节

新石器时代中期的彩陶器

汕尾城区的捷胜镇沙坑北遗址是意大利神甫麦兆良发现的，一般称为沙坑文化。以大湾式彩陶文化为特点，与珠江三角洲地区的同类遗存基本相同，距今约6000年，可以划属大湾文化，考古年代划分为新石器时代中期。这里根据麦兆良的相关藏品举例说明，这些藏品在麦兆良去世后，先后由香港大学博物馆和香港历史博物馆收藏。

汕尾的沙坑北遗址以彩陶圈足盘、碗为特色，可惜标本均较破碎，仅可见数片彩陶盘身之陶片，遗留有红彩，器身外有刻划纹饰。另外，藏品中见少量圈足盘残件，其中有刻划纹及镂孔两者配合，未见有镂孔与刻划两者的打破关系。另外一些圈足的镂孔装饰，错落有致，像是描绘波浪的情形。

举例说明这些彩陶圈足盘。

M.C.16，盘口残，仅存4.5厘米。橙黄陶，残，盘腹较深，圈足斜出外撇，可见上下两周镂孔，腹、足间微折。

M.C.17，盘口及圈足均残，仅存2.5厘米。盘腹缓收，腹足相接处一周划纹，圈足处划斜线纹及镂孔，圈足外撇（图五，1；图五，2）。

M.C.19，口径残，仅存3.5厘米。胎较白，盘腹与足部折较甚，圈足处镂长形孔及三角形孔。圈足外撇（图五，3；图五，4）。

从以上列举圈足盘，其刻划与镂孔的配置，均是典型的环珠江口地区常见的大湾式彩陶盘。在《粤东考古发现》一书中，亦有详细报告于沙坑北发现一件修复完整的彩陶盘（图六，1；图六，2）。反映沙坑北地区为

图五　沙坑北遗址出土的彩陶片
1、2.标本M.C.17　3、4.标本M.C.19

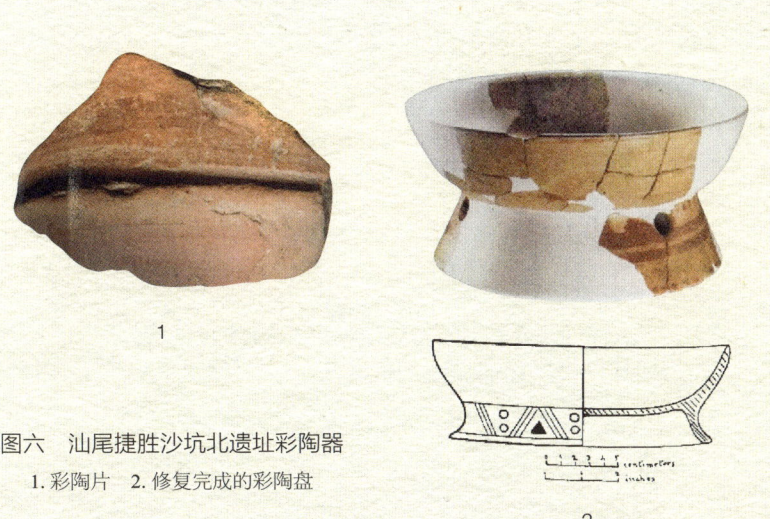

图六　汕尾捷胜沙坑北遗址彩陶器
1.彩陶片　2.修复完成的彩陶盘

大湾式彩陶盘的集中点之一。

事实上，在环珠江口的地区，早在1932年，香港大学的芬戴礼神甫在香港南丫岛大湾遗址第一次发现了两件沙坑同类的彩陶盘。1990年，本项目人员之一邓聪于20世纪90年代始整理环珠江口的早期新石器文化，首次提出了"大湾式彩陶盘"的概念①。据现今考古所知，沙坑出土同类彩陶盘有着较广泛的分布范围，这包括广东地区增城三江金兰寺，东莞企石镇万福庵，肇庆高要区龙一乡蚬壳洲贝丘，中山南朗龙穴、白水井，佛山河宕，深圳大梅沙、小梅沙、大黄沙、咸头岭，珠海淇澳岛后沙湾，香港大湾、春坎湾、铜鼓、蟹地湾和深湾，澳门黑沙等地。其中黑沙、沙坑、龙穴、小梅沙、后沙湾、大湾、春坎湾等遗址，均出土有可以复原的彩陶盘。总之，从粤东海丰沿海向西至珠江三角洲一带沙丘、贝丘水域的附近地区，是现今所知这种彩陶盘分布的中心范围②。

对于环珠江口地区彩陶盘的来源问题，必须从环珠江口以至南中国考古的新发现去考虑。在20世纪30年代芬戴礼与麦兆良都受到安特生"仰韶彩陶文化西来"学说的影响，分别把珠江地区彩陶的来源指向越南北部谅山梅坡③和柬埔寨④。何介钧教授据前广西博物馆长蒋廷瑜的提示，更进一步提出在浔水注入西江附近的广西平南县石脚山遗址⑤，出土有大量与大溪文化相近的陶器，相信这里扮演了长江流域与环珠江口之中间转接的角色。

邓聪先生在1997、1998年有机会于广西博物馆内，看到石脚山遗址出土部分资料的实物。中国社会科学院考古研究所的傅宪国等人于1997年在石脚山遗址采集到615件陶片，其中仍有夹砂及泥质两种陶系，陶器纹饰有

---

① 邓聪：《环珠江口史前考古刍议》，《环珠江口史前文物图录》，香港：香港中文大学出版社，1991年，第xi~xxvii页。
② 邓聪：《香港考古之旅》，香港：香港区域市政局，1991年，第70~78页。
③ D.J. Finn. Archaeological Finds on Lamma Island Near Hong Kong. The Hong Kong Naturalist 5 (1934): 46-53.
④ R. Maglioni. Archaeological Discovery in Eastern Kwangtung: the major writings of Fr. Rafael Maglioni (1891-1953). Journal Monograph II. Hong Kong: Hong Kong Archaeological Society, 1975.
⑤ 陈文：《广西平南县石脚山遗址发掘简报》，《考古》2003年第1期。

绳纹、篮纹、水波纹、曲折纹、压印纹、压划纹、方格纹等10多种。其中一件是以浅浮戳印纹饰的圈足陶片，与环珠江口地区白陶盘上所见同类纹饰十分相近。广西地区桂林甑皮岩洞亦出土过同样纹饰的陶片，只是过去研究者对此种纹饰陶片来源未有措意。看来珠江口大湾文化部分的外来因素，是来源于长江中游地域，通过西江的水系，最后传入环珠江口一带。

1932~1936年，芬戴礼神父在《香港博物学家》(Hong Kong Naturalist)发表香港南丫岛大湾遗址的调查报告，其中包括两件可复原的圈足彩陶盘，印纹、刻划弦纹、戳印圈足和拍印的细绳纹等陶器，还有一些石锛等木工工具[1]。大湾遗址发现的陶器和石器等组合，在环珠江口一带属首次发现，揭开了本地区新石器时代考古研究的新篇章，引起了学界的广泛注目[2]。

优美绚丽的彩陶，是新石器文化精湛艺术成就的代表。中国的彩陶分布范围广阔，北至黄河，甚至远及内蒙古呼伦贝尔草原，南抵长江以至东南沿海，以仰韶文化最为著名。早于20世纪30年代初期，环珠江口地区的彩陶被首次发现。然而，长久以来对这个地域彩陶的面貌认识还像五里雾中，直到20世纪80年代前后，春坎湾、小梅沙、大黄沙、后沙湾和龙穴等遗址先后出土比较丰富且完整的彩陶器群，人们才醒觉到这个地域的彩陶同样闪耀着夺目的光彩。据我们初步统计，这些彩陶赭红彩纹，约由近一百多种组合，配合刻划纹、镂孔相衬，千变万化。珠江口一带的彩陶，无疑是我国南海地区彩陶文化重要的组成部分，有重要的学术及艺术价值。

环珠江口的彩陶，经历了从距今七千至六千年前漫长的发展，主要的代表遗址分别是咸头岭、大黄沙、后沙湾、龙穴、龙鼓洲、大湾、深湾等遗址。据2006年咸头岭遗址发掘报道[3]，新石器时代的遗存可以分为五个阶段，其中都包含彩陶。每个阶段的彩陶显示若干变迁，如夹砂赭红彩陶、泥质赭红彩陶及泥质白衣赭红彩陶等几种的变化。在烧制技术方面，第I段

---

[1] D. J. Finn. Archaeological Finds on Lamma Island near Hong kong. The Hong Kong Naturalist 5 (1934).
[2] 江上波夫、驹井和爱、後藤守一：《東洋考古學》，東京：平凡社，1939年，第48页。
[3] 深圳市文物考古鉴定所：《深圳咸头岭——2006年发掘报告》，北京：文物出版社，2013年，第269~274页。

至第Ⅲ段泥质彩陶为浅黄色胎；第Ⅳ段及第Ⅴ段泥质彩陶为红色胎。彩陶制作的三种要素，如绘彩技术、小型窑炉及陶器表面仔细磨光技术都已具备。其中第一种绘彩技术又包括赭红矿物及毛笔的运用；第二种窑炉包括窑的结构，窑门、火道、窑室、窑壁的布置，保证陶土在烧成中得以充分氧化。泥质彩陶的出现，标示着环珠江口地区彩陶制陶技术的成熟。

迄今为止，彩陶器形有罐、盘、豆、杯、碗、筒形器六种。其中夹砂陶质的彩陶为筒形器和盘。泥质的彩陶为罐、豆、杯、圈足盘和碗。彩陶以泥质彩陶占绝大多数。晚期泥质彩陶中，以第Ⅳ段即距今约六千二百年前的矮圈足大湾式彩陶盘占压倒性的优势，应该是当时彩陶中最普遍的代表。

早在20世纪30年代初期，香港地区因为城市建设，离岛地区海边沙堤的海沙被大量采掘作为建筑用材。因此，沿海沙丘遗址的遗物，相继被暴露出来。1933年，香港大学的芬戴礼神甫在南丫岛大湾遗址附近进行考古发掘工作，首次发现了两件可以复原的泥质圈足彩陶盘。在当时，同类型的器物在珠江口岸其他地方还没有被发现过，它与仰韶彩陶的风格不尽相同，独树一帜。由于这种彩陶盘在大湾遗址首次出土，我们命名为"大湾式彩陶盘"[①]。沙坑文化发现的彩陶，也属于此类。1990年12月，本书作者之一邓聪在大湾遗址再次进行考古发掘，又发现了一件同样的彩陶盘。大湾式彩陶盘的特色相当明显，一般高6～9厘米，口径15～25厘米，泥质陶，矮圈足，浅盘，圈足与器身的高度相约。盘身外表及圈足的内外常有陶衣及红彩，红彩主要为波浪纹。圈足上常见有刻划的水波纹和排列有序的镂孔行列。

目前对大湾式彩陶盘的分布范围，已有了初步的认识。在珠江三角洲的范围内，这种彩陶盘有着较广泛的分布。这包括广东地区海丰沙坑、增城金兰寺、东莞万福庵和蚝岗、高要蚬壳洲、深圳大梅沙、小梅沙、大黄沙、咸头岭、中山龙穴、白水井、珠海后沙湾、澳门黑沙、香港大湾、春坎湾、龙鼓洲、蟹地湾、深湾、龙鼓滩、丫洲、涌浪等地。总之，从粤东

[①] 邓聪、黄韵璋：《大湾文化试论》，《南中国及邻近地区古文化研究》，香港：香港中文大学出版社，1994年，第395～450页。

海丰沿海西向珠江三角洲一带水域的附近，是现今所知大湾式彩陶分布的中心范围（图七）。

彩陶圈足盘是大湾文化的象征性器物，迄今，咸头岭、沙坑、后沙湾、龙穴、春坎湾、小梅沙、黑沙、大湾遗址（图八）都出土过较完整的彩陶盘。白水井、蟹地湾、深湾村、大黄沙、涌浪、万福庵等遗址都发现过同类型的彩陶盘。2006年，咸头岭遗址发现了数量较多可复原的大湾式彩陶盘。初步统计已发表之资料，迄今共发现约数百多个大湾式彩陶盘的个体，已有近百件可复原的器物。据现今已公布十多件完整的大湾式彩陶盘观察，口沿与高之比均在2∶1至3∶1之间，盘身高与圈足高之比约为1.3∶1，口径一般比圈足径略大，盘身之高大于圈足之高，两者间的倾向相当明显。

大湾式彩陶盘形制方面也存有一些差异。一般盘身呈钵形，圆唇，直口微敛，略鼓腹，盘下部向圈足处收束，圈足外撇。大湾式彩陶盘的彩纹丰富多彩，并且配合了刻划及镂孔纹饰，成为千变万化的图案。一般器身的纹饰以彩纹为主，罕见有刻划纹。圈足部分则以彩纹、刻划纹及镂孔三者配合，罕见只用彩纹。按大黄沙出土数量较多的彩陶盘残片观察，可以推测出绘

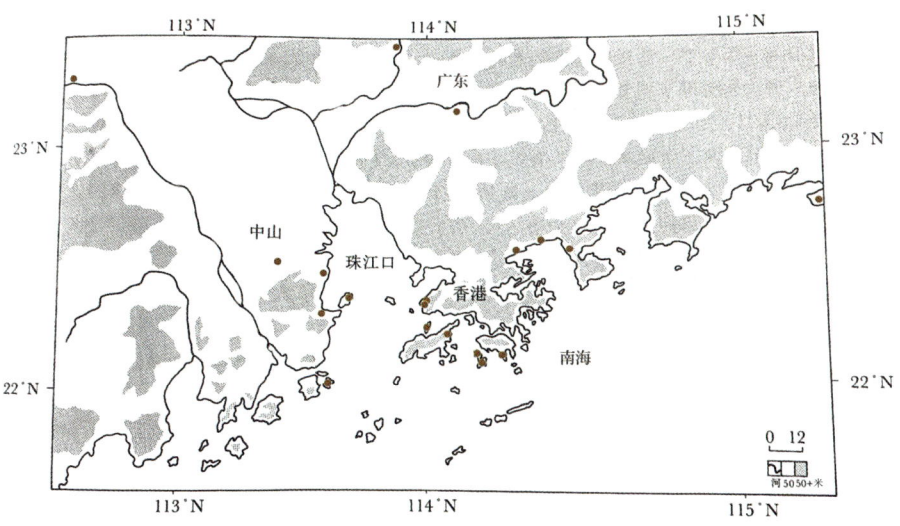

图七　环珠江口大湾式彩陶器分布图

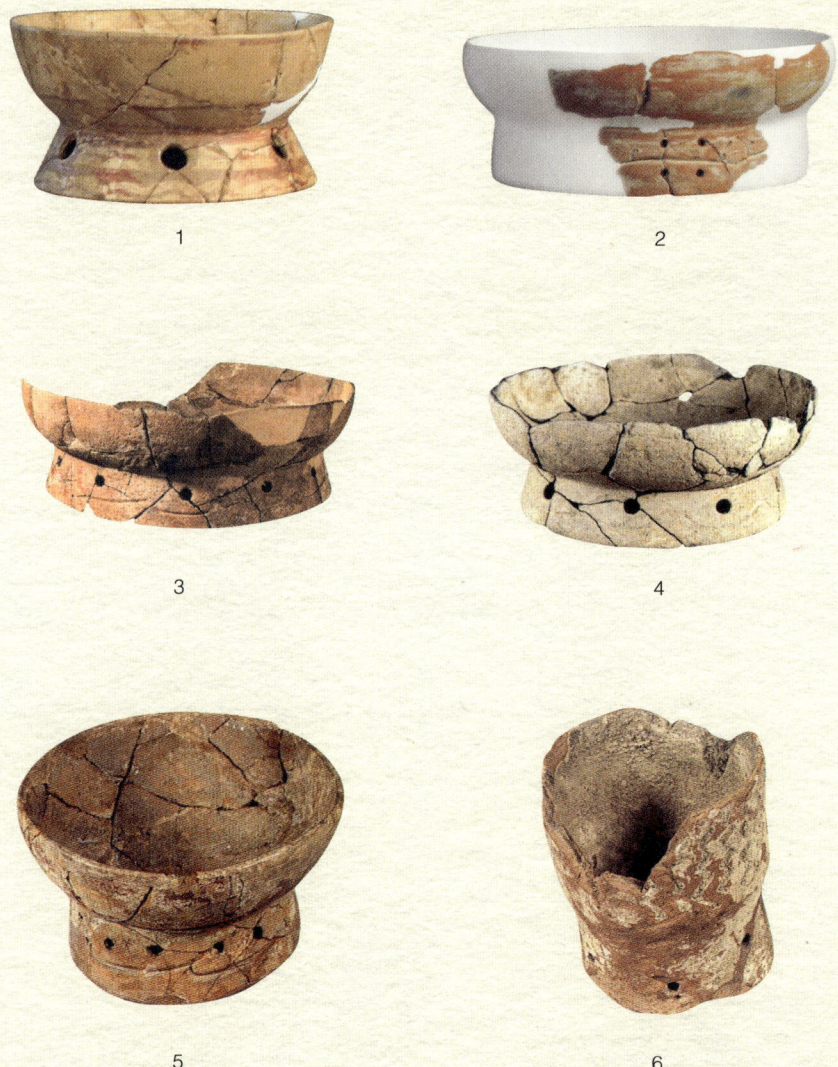

图八 珠江三角洲地区的彩陶器
1. A型圈足盘（咸头岭） 2. Ca型圈足盘（咸头岭） 3. Ba型圈足盘（大湾）
4. Ba型圈足盘（黑沙） 5. Bb型圈足盘（春坎湾） 6. 圈足杯（春坎湾）

彩—刻划—镂孔施工的顺序。其中刻划和镂孔有打破绘彩的关系，镂孔与刻划两者未见打破关系。镂孔布置又是顺着刻划纹样式分布，所以镂孔晚于刻划的可能性较大。

彩绘纹饰主要利用点与线为基本的结构单位。综合迄今所发现大湾式彩陶盘超过五十多种的彩纹，主题都离不开描绘水的各种形态，包括流水与浪花。可以说，大湾式彩陶盘是一种水性彩陶盘，突出反映了对水的崇拜。水为之"威而不可测，畏而媚之"。这种彩陶盘可以按盘身、圈足外、圈足内分别讨论。

盘身方面，现今已知有十五种彩纹样式。从完整的器身上彩纹可以归纳出，盘身上下各饰一周弦纹，两条弦彩纹中间是主题纹饰的分布区。主题纹饰为流水与浪花，或由二者所衍生的图案。主题的单位是波浪弦带纹、点、横向"S"字纹等几种。圈足方面，一般有镂孔和刻划相衬彩纹。圈足的彩纹包括圈足外彩二十六种和圈足内彩七种。圈足外彩因为配合刻划与镂孔，表现比盘身更繁复多变。圈足内彩相对比较单调，多以一或二道弦带纹为主。

刻划方式，一般刻器的雕刻部分作"▼"字形咀状，如波浪纹的刻划，每次刻划一个波峰单位，刻划深度一般在0.1厘米左右，若干刻划纹可见刻槽间有台阶状的结构，应该是同一位置两次刻划形成的效果。镂孔方面，以由外而内穿居多，亦有由内向外穿，亦偶见内穿、外穿兼具，尚有一些对穿，部分穿尚未透孔。镂孔多以圆形为主，有大有小，一般直径约0.5厘米。刻划和镂孔组合配以彩纹令图案更多姿多彩。刻划和镂孔两者最大的特点是具有立体感，打破了平面装饰的单调格局。立体的感觉突出了图案的轮廓。这样，观者除了用视觉欣赏以外，还可以用触觉来感受。

20世纪30年代，芬戴礼与麦兆良受到安特生"仰韶彩陶文化西来"学说的影响，不约而同将大湾文化的来源，指向西面如越南北部谅山梅坡（Mai Pha）[1]或柬埔寨[2]。

---

[1] D.J. Finn. Archaeological Finds on Lamma Island near Hong Kong. The Hong Kong Naturalist 5 (1934): 46-53.
[2] Nguyen Cuong, Mai Pha.

到了20世纪60年代至20世纪70年代期间，有些研究者认为，大湾文化的彩陶与东部沿海的山东北辛文化或江、浙、闽一带青莲岗文化出土的彩陶[1]相接近。1991年初，邓聪初次考虑大湾式彩陶盘、白陶与长江流域中游大溪文化之关系，初步提出大湾文化中之圈足盘、彩陶技术和白陶三者是从长江流域中游大溪文化辗转传到珠江口沿岸的地域[2]。1994年2月，在香港中文大学召开的第二届"南中国及邻近地区古文化研究"会议上，长期在长江中游指导考古工作的何介钧教授回应笔者的意见指出："邓聪先生在《环珠江口史前文物图录》的前言《环珠江口史前考古学刍议》中对以上各说提出了异议，不仅明确主张'大湾式彩陶盘是受长江中游带大溪文化的影响而产生的'，且有着令人信服的论据"，并强调"环珠江口大湾式彩陶盘这一类型彩陶接受的直接影响只能是来源于邻近的长江中游地区，特别是偏南的洞庭湖地区。"[3]随后，中国社会科学院考古研究所前所长任式楠亦表示，香港大湾出土彩陶与白陶所代表的文化，与著名的大溪文化有密切联系[4]。

我们推测大湾式彩陶盘是受到长江中游一带大溪文化的影响而产生的。这个文化的陶器主要纹饰如戳印纹、弦纹、刻划纹、镂孔和绘彩等，都于珠江三角洲大湾式彩陶盘上，有具体的反映。2010年4月5日至6日，邓聪幸蒙湖南省文物考古研究所郭伟民所长照拂，蒙尹检顺先生指教，一同参观了所内的史前标本室，所见约六千年前大溪文化最繁荣期间，陶器中数量最多且最受注目的是一种折沿泥质圈足盘。圈足上亦有三对镂孔，其风格与大湾式彩陶盘非常接近，胎土也同样是红色，并非浅黄色。其次，在彩绘方面，大湾式彩陶盘与大溪文化的彩陶，都是以赭红彩和白陶

---

[1] R. Maglioni. Archaeological Discovery in Eastern Kwangtung: the Major Writings of Fr. Rafael Maglioni (1891-1953). Journal Monograph II. Hong Kong: Hong Kong Archaeological Society, 1975.
[2] 邓聪、区家发编：《环珠江口史前文物图录》，香港：香港中文大学出版社，1991年。
[3] 何介钧：《环珠江口的史前彩陶与大溪文化》，《南中国及邻近地区古文化研究》，香港：香港中文大学出版社，1994年，第321~330页。
[4] 任式楠：《论华南史前印纹白陶遗存》，《南中国及邻近地区古文化研究》，香港：香港中文大学出版社，1994年。

衣为主，偶见内彩。

我们估计大湾式彩陶盘的制造者，既从大溪文化中吸取了陶器烧制的技术，然后配合一些技巧运用到圈足盘上。至于水波和浪花纹，可能来源于沿海居民逐水营生现实生活的反映。换言之，大湾式彩陶盘既有沿袭，亦具创意。大湾式彩陶盘的创意，是环珠江口土著与长江稻作农业为主体的大溪文化相结合的结晶。当然也继承了咸头岭遗址第I段至第III段彩陶技术的传统，并不是完全由本地土生土长的一种陶系。

这些彩陶盘的圈足装饰有一个共同的特点，就是彩绘纹与划纹、镂孔有机地组合在一起，有的以红彩作底纹，在上面划水波纹并间以镂孔；也有的沿划线水波纹加绘红彩水波纹，然后在其上（下）再加镂孔；还有的以多道红彩组成波浪纹图案，并间以镂孔。综观这类镂孔，实质上就是表现水点（或水珠）。这种情形也可见于彩陶盘的盘腹。大湾遗址出土的彩陶盘，腹部彩绘一周波浪纹，其下彩绘一周圆点纹；小梅沙遗址出土的彩陶盘，腹部彩绘较为复杂的波浪形图案，其间也绘饰许多圆点纹。在一些彩绘或是刻划的直线、曲线上，往往有加绘（划）短线，可以认为这也是水形（或浪花）的一种表现，而不是叶脉纹或其他植物形纹样。此外，在深圳大黄沙遗址和中山白水井遗址出土的一些彩陶器，绘有散乱的不规则纹样，很可能是遗址居民对海浪滔滔、翻滚无序的形态的一种描绘。总的来说，这些彩陶器上的纹样，尽管动静结合，组合多种，形状多样，富有艺术形式，但都表现了遗址居民对海洋、江河的认识，注入了人的感情，这与器皿的用途、功能有密切的关系。

珠江三角洲地区的彩陶器数量不多，种类也少，说明在当时是一类较为特别且十分珍贵的器皿。彩陶器上的纹样，显现了遗址居民的审美观念，其所赋予的社会意义更是不可忽视。这些彩陶遗址都位于海岸、岛屿或江河边上，彩陶器的纹样又主要表现水的形态，正是遗址居民经济生活与水息息相关的真实写照。这时期遗址居民的主要生产活动是在海（水）上，他们的食物也主要来自于海（水）中，因此，对大自然中变幻莫测的海洋（江河）世界祈求平安、祈望渔获有收的心理，促成了遗址居民对海（河）神的祭祀活动，而这类彩绘（包括刻划、镂孔）各种水形态的陶器，或许就是遗址居民举行祭祀活动时的用器。任何器皿的造型都是人们生产生活需求的反映，而彩陶器上的纹样，寄存了特定史前时期人类的思想感情和意识崇尚。从彩陶器上尚可辨别的红彩残迹，我们仿佛看到了史前人类与海洋（江河）搏斗时流淌着的滴滴鲜血。

目前，我们对珠江三角洲地区彩陶遗存的分布范围已有比较清晰的认识，它们之间的文化关系与年代也较为明朗。珠江三角洲地区的彩陶遗存在岭南地区有着稳定的地域范畴，遗存含着共同文化因素的一群考古遗址，给予适当的考古学文化命名是非常必要的。1992年李伯谦教授撰文建议将咸头岭一类遗存命名为"咸头岭文化"[1]；1994年李松生教授发表文章，把这类彩陶遗存命名为"咸头岭文化"[2]。同年，邓聪教授在香港举行的《南中国及邻近地区古文化学术研讨会》上发表文章，提出了"大湾文化"的命名[3]。这两种命名的文化内涵完全一致，分歧点在于遗址的发现时间及其典型性是否得到认同。大湾遗址发现于1933年，彩陶盘的出土使本地区的彩陶遗存得到确认，但由于发掘及认识水平所限，遗址包括有多个时期的考古文化属性当时未能分辨。咸头岭遗址发现于1981年，其后分别于1985、1989、1997和2004年四度进行发掘，对遗址内涵有了全面的了解。其他经发掘的重要遗址还有1984年发现的珠海后沙湾遗址和1981年发现、1988年发掘的深圳大黄沙遗址。就遗址的典型性而言，咸头岭遗址无疑优于大湾遗址。但以这类遗存的发现时间而论，则大湾遗址大大早于咸头岭遗址。按考古学文化的命名原则和以遗址发现时间早晚为序的惯例，珠江三角洲地区的彩陶遗存以大湾遗址来命名是合乎情理的。基于此，杨式挺研究员于1997年撰文表示赞成"大湾文化"的命名[4]。

自1933年发现大湾遗址以来，至1994年"大湾文化"命名的60年里，珠江三角洲地区彩陶遗存的考古发现与研究都有了长足的进展。与全国各

---

[1] 李伯谦：《广东咸头岭一类遗存浅识》，《东南文化》1992年第3、4期。
[2] 李松生：《试论咸头岭文化》，《深圳考古发现与研究》，北京：文物出版社，1994年。
[3] 邓聪、黄韵璋：《大湾文化试论》，《南中国及邻近地区古文化研究论文集》，香港：香港中文大学出版社，1994年。
[4] 杨式挺：《"大湾文化"初议》，《南方文物》1997年第2期。

地的彩陶文化一样,"大湾文化"作为人类历史长河中的一个片段,将留给现代人类长久的、彩色的、梦一般的美好回忆。

深圳大湾与四川大溪相隔千里,风格又几乎一模一样的白陶,埋藏在黄土下六千多年后,破土而出,竟能相认,这真是考古学奇妙的故事,浪漫得让人心醉。白陶是什么?一般白陶器表和胎质通体皆白色,也有稍暗微带黄色、灰色或粉红色。华南新石器时代白陶原料除部分采用高岭土外,较常用的是氧化硅、氧化镁成分为主的陶土。目前我国从长江中、下游以至珠江的西江流域水系,以至环珠江口的范围,都存在白陶,在中国新石器时代文化体系中别具特色。

香港南丫岛大湾遗址,很可能是南中国最早发现白陶遗存的地点。香港大学的芬戴礼神甫在1933年发表的报告中,除发现新石器时代的彩陶盘外,另报道有三片戳印泥质的白陶。其中一件饰连续戳印半月形纹,与刻划弦纹配合,是湖南安乡县汤家岗白陶器边沿常见的纹饰。

1990年和1996年,香港中文大学与中山大学、中国社会科学院考古研究所的考古工作者,重踏芬神甫的脚踪,回到大湾遗址发掘,再次发掘到白陶盘底部及戳印纹圈足的陶片。白陶盘残存底部,色调洁白可爱。DW90IVP001残陶圈足,浅黄白色,圈足上有戳印纹,半月形连续戳印痕。DW90IVP004残陶圈足,灰白色,圈足上有镂孔,镂孔间由三个长条戳印痕组合成Y状,近圈足底部有波浪形刻划弦纹。DW90IVP007残陶圈足,灰黑色,圈足底部有镂孔,镂孔间有戳印飞鸟状纹饰,圈足近底部由刻划弦纹及连续戳印波浪纹组合。

广东省文物管理委员会在1991年首次公布了珠海淇澳岛后沙湾发现的戳印白陶与彩陶盘[①]。当时,邓聪就以手头上所仅有的几片大湾遗址出土的戳印纹白陶片,参考了湖南汤家岗等遗址的发掘报告,遂大胆地提出环珠江口白陶,来源于湖南新石器时代文化的看法,指出:"近年来,更令人感到兴奋的发现是珠海市后沙湾遗址里,曾发现大湾式彩陶盘与具有鲜明

---

① 李子文:《淇澳岛后沙湾遗址发掘》,《珠海考古发现与研究》,广州:广东人民出版社,1991年。

大溪文化特色的戳印白陶盘共存。此外，深圳大黄沙和香港大湾遗址同样发现了附有戳印之泥质圈足盘的圈足部分，白陶和大湾式彩陶盘共存的关系。后沙湾和大湾的戳印纹陶器与湖南安乡县汤家岗出土大溪文化的戳印白陶盘相比较，三者之间如出一辙。我们相信，圈足盘、彩陶技术和白陶三者，是同时从大溪文化辗转传到珠江口沿岸的地域。"①

同样是在1991年，时任湖南省文物考古研究所所长何介钧，获邀到广东中山参加珠江三角洲古文化学术研讨会。期间观察珠江三角洲新石器时代文化器物，亦感觉到明显受长江中游特别是洞庭湖地区大溪文化的强烈影响。1994年2月，在香港中文大学召开第二届"南中国及邻近地区古文化研究"国际会议中，何先生将上述观点在其《环珠江口的史前彩陶与大溪文化》一文中，表述得淋漓尽致。此文章成为日后湖南与珠三角新石器时代文化交往关系的经典论著。何介钧教授认为："现在，得知环珠江口凡出彩陶的地方几乎均伴出白陶。这样，以洞庭湖地区为中心，白陶呈辐射状传播达数千里之遥，它名符其实地成了大溪文化的使者。"何介钧教授一针见血地指出，长江中游早熟稻作文化经济势力扩张，是长江中游古文化影响远隔千里的珠江三角洲的主因。他根据著名考古学家蒋廷瑜先生关于广西平南县石脚山遗址的相关发现，提出由沅水入西江，再转至珠江口的具体传播路线。这一条隐藏了六千多年的白陶传播之路，又若隐若现地重现于世。

在香港中文大学的同一会议上，中国社会科学院考古研究所时任所长任式楠，发表了《论华南史前印纹白陶遗存》文章，指出长江洞庭湖一带出土7000多年前的白陶，比华北距今6500年前最早的白陶尤早。洞庭湖是华南白陶的一个重要发源地。大溪文化早中期时南下直抵珠江三角洲。这样，珠江口的白陶来源于大溪文化，一时成为定说。

1996年，邓聪先后两次幸蒙湖南省文物考古研究所的邀请前往长沙，在何介钧、裴安平、袁家荣、贺刚等先生的指导下，对湖南澧、沅、资、湘

---

① 邓聪：《环珠江口史前考古刍议》，《环珠江口史前文物图录》，香港：香港中文大学出版社，1991年，第xvi页。

等流域的新石器时代文化，有了更进一步的认识。其间承裴安平先生亲切的教示，邓聪得以对汤家岗出土著名浅浮雕式的白陶，观察和拍摄记录。其中，汤家岗M6：1白衣红陶圈足上戳印Y字形的图案，就与邓聪发现的大湾DW90IVP004的圈足，风格一致。M2：1的白陶盘，据报告谓："口径18，高8.5厘米，花纹简单，饰以凹弦纹、水波纹、点线纹等印纹，无地纹。"[①]由于这件白陶盘与珠海后沙湾出土簋形器制作技术特征比较相似。笔者特别拍摄了M2：1白陶盘口沿及圈足的一些细部。

2000年，邓聪在《珠海文物集萃》图录中，从四个方面对比了汤家岗M2：1圈足盘与后沙湾89QHT2①：5簋形器，两件泥质白陶的技术特征，包括：敛口；口沿部分用削刀修饰一圈凸棱似子口；器身及圈足以凹弦纹区划，分别装饰戳印或篦印纹；圈足下沿压印同样凹点的纹饰。从白陶器制作的特征，讨论到两地制作技术的共性，进一步探索洞庭湖与珠江口新石器时代文化交流的情况。此外，值得注意是，自1995年起，湖南考古工作者开始把汤家岗的遗存从大溪文化早期阶段中区分出来，并提出汤家岗文化的概念。从此，汤家岗文化与大溪文化分家。

白陶在香港新石器时代考古学上有其特别重要的地位，原因包括以下三点。

1. 香港和澳门迄今一共发现十六处出土白陶的遗址，代表环珠江口白陶分布最密集的地区。甚至可以说：香港是南中国发现白陶遗址最多的地域。

2. 1933年芬戴礼神父发现大湾遗址出土白陶，可能是南中国最早发现的白陶。

3. 20世纪90年代，学术界最初就是通过香港大湾出土戳印白陶器，认识到大溪文化和环珠江口间文化相互交流的关系。

迄今在香港龙鼓洲、龙鼓滩、深湾村、长沙栏、大湾、深湾、春坎湾、沙下、沙头角新村、沙螺湾、虎地湾、长洲西湾、长洲东湾、上过路湾、东湾仔北及澳门黑沙发现过白陶。这些遗址白陶的年代，约在距今七千至六千

---

① 湖南省博物馆：《湖南安乡县汤家岗新石器时代遗址》，《考古》1982年第4期。

年阶段。这些丰富的资料，尚有待进一步整理。以下就香港有关白陶的几点问题，略作讨论。

第一，1974~1975年，秦维廉对龙鼓洲两次的发掘，在最底层发现大量白陶、彩陶盘及夹砂陶，数量达七百多件。从公布的彩陶片看，图11镂孔圈足彩陶盘是属于咸头岭第III段；图10属于咸头岭第IV段的典型大湾式彩陶盘和白陶，和深湾F层同类陶器基本一致，但都未见戳印白陶[①]。

1994年龙鼓洲再次发掘，在最底的第五层发现彩陶和白陶，从发掘报告来看，图46和图49的彩陶罐口沿、圈足，相当于咸头岭第I段；图47彩陶盘相当于咸头岭第II段。但报告中图45"龙鼓洲T2L5磨光彩陶片纹饰"，所示左边陶片应为连续重圈的白陶，其上虽有赭红彩，但不可作为彩陶。这种白陶一般见于咸头岭第IV段。据现在公布的资料，未见龙鼓洲较早阶段的白陶。1994年报道中提到陶片上有戳印，但未见图和照片。邓聪估计龙鼓洲遗址已出有较早期的白陶，尚有待考证。

第二，1990年邓聪与古物古迹办事处共同发掘龙鼓滩遗址，出土彩陶片。2003年由吴伟鸿再发掘该遗址。邓聪在发掘过程中，看到出土陶片有较多刻划纹白陶，多数是盘、罐残件。在T4C33有数片戳印篦状纹陶片，为灰白色，可能是盘或簋的口沿和腹部，戳印风格很有特色，惜未能复原图案结构。这次发掘也发现了不少红陶残片，大多是圈足盘一类器物，有镂孔圈足，但未见刻划的波浪纹。龙鼓滩是继大湾遗址后出土较清晰的戳印篦状纹陶片的遗址，陶片所属的年代和纹样的复原等，尚有待更进一步的工作。

第三，据报道，香港地区的马湾东湾仔北一期、长沙栏、虎地、上过路湾、深湾、长洲东湾和西湾、沙头角新村、沙下共九个遗址，只发现白陶，并没有彩陶共存。因为没有发现彩陶，有些研究者划定为新石器时代中期的后段。对环珠江口这个时期的发现来说，这也是比较罕见的现象。为什么香港地区上述新石器时代遗址只出现白陶，不见彩陶的遗存呢？

---

① W. Meacham, Sham Wan. Lamma Island An Archaeological Site Study. Journal Monograph III. Hong Kong: Hong Kong Archaeological Society.

这里分为三类进行讨论。

第一类：白陶与彩陶是共存的，不过彩陶未被辨认，如南丫岛深湾，原报告中图VIII-14镂孔圈足盘，发掘者只作为刻划纹。邓聪用十倍放大镜观察此实物，圈足外壁可见残角赭红彩。因此，深湾并不是只有白陶、不出土彩陶。深湾F层正是大湾式彩陶盘繁荣阶段，白陶与彩陶都相当发达。

第二类：白陶与彩陶可能是共存的，不过由于其他原因，彩陶未被发现或辨认，如大屿山长沙栏遗址。这个遗址2001年只发掘了11平方米，如T4的1米×4米。在如此狭窄的探方内，出土较多的圈足镂孔白陶，几片红陶的陶片。白陶镂孔戳印纹有比较多圈足器，其上是重圈戳印和刻划纹。长沙栏的白陶片纹饰，在大湾（1996年）、深湾（香港中文大学藏）、沙螺湾均发现过，年代上也应该是距今6200年。这正是彩陶繁荣的阶段，遗址中共存有彩陶是很合理的。长沙栏报道中谓有几片红陶的陶片。这些红陶很可能是彩陶残片。总之，仅从一个4平方米探方和1米多深的发掘，是无法论证长沙栏遗址只发现白陶，不包含彩陶的判断。

第三类：只见白陶不见彩陶，如大屿山虎地遗址。1994年公布的赤腊角虎地遗址，从其中一些墓葬中，出土较完整的白陶高圈足豆、腰沿豆、敛口尊和盘等。测定的三个碳十四年代都在公元前3900～前3600年。邓聪认为虎地遗址也可能有彩陶的存在，年代应是距今6000年前后。虎地墓葬中同时出土较完整的夹砂陶罐，口沿内有多重波浪刻划纹。同类的夹砂陶罐在深湾等彩陶遗址较常见。因此，不能排除虎地的遗存中可能包含有彩陶的存在。

总之，对香港地区各遗存中白陶的器形、纹饰特征、器物组合等变化进行严密的研究，对研究考古编年有一定的帮助。而且，对于白陶、彩陶是否共存的判断，牵涉到对陶器精密的观察、发掘规模等问题，否则很难遽下结论。

进入21世纪，随着湖南及珠江口考古学的进程，两地新石器时代文化交往又有了进一步的发展。其中湖南高庙和深圳咸头岭田野考古的新发现，都是很重要的关键。2006年，李海荣先生第五次发掘咸头岭遗址，翌年，在简述中指出：咸头岭文化分别与湖南不同的新石器文化，有着密切交流关系。湘西高庙文化和松溪口文化年代在距今7800~6600年前,对咸头岭文化早期阶段的精美白陶与彩陶产生强烈的影响。咸头岭遗址白陶上的戳印纹及圈足盘的器型,同样显示了来自汤家岗文化和大溪文化(距今6800~5300年前)的特征。李海荣更指出:"珠江三角洲地区在距今近七千至六千年前后或再晚一些,一直与湘西及洞庭湖地区存在着比较密切的联系。"同年,湖南省文物考古研究所贺刚先生等人在其《高庙文化及其对外传播与影响》中指出,高庙对咸头岭遗址中,釜、罐、杯、盘、碗等白陶制品,从纹饰上简化獠牙和飞鸟图案等,均有过密切的影响,很多的表现是如出一辙。他甚至认为:"咸头岭是由高庙文化发展演变而来的一支区域性亚文化。"[1]

2010年3月24~26日,邓聪为咸头岭遗址出土文物来港展出筹划,在深圳市文物考古鉴定所内,有幸拍摄到若干咸头岭遗址2006年出土的陶器。3月26日,蒙李海荣先生以实物相示,咸头岭第III段(即距今6400年前)三件可复原圈足白陶盘,其整体的形制,基本与湖南汤家岗白陶盘相同。引用李先生当时表述,就是把这几个咸头岭遗址的白陶盘,放置在汤家岗文化白陶遗存中,也难以分辨所属的遗址。当时,拿着咸头岭遗址白陶盘,真是让邓聪惊愕万分,又是喜出望外。邓聪好像坐在时空的穿梭机中,又回到1996年裴安平先生在长沙的办公室,邓聪拿着汤家岗M2:1白陶盘,仔细观察器物的场景。两者如孪生兄弟,确实是很相似。从大小来说,咸头岭遗址三个白陶盘的口径,分别是20~21厘米,盘高6~7厘米。相比较汤家岗白陶盘口径是18厘米,略小了2~3厘米。另外,汤家岗的圈足盘高6.7~8.5厘米,高于咸头岭的约1.5~2.5厘米。因此,汤家岗M2:1白陶盘整体显得稍苗条。在陶器的表面形制和装饰方面,两者表现相当一致。

1. 口沿部均敛口,唇部均修成子口状结构,此一点珠海后沙湾白陶簋形器,亦有相同的构造。

2. 腹外壁近口沿即最大宽处,有一道上下起伏均等的水波纹,紧接水波纹之下及腹底部,各有一道和两道的弦纹。

---

[1] 贺刚、陈利文:《高庙文化及其对外传播与影响》,《南方文物》2007年第2期。

3. 圈足的中上部戳印圆点、弧线、圆点纹饰，由两个相隔的戳印圆点，中间由弧形条状戳印痕连接成。

4. 圈足处近底部有刻划弦纹，汤家岗白陶盘的弦纹，离开圈足底沿较高；咸头岭的白陶盘则较低，这是两者较大差异之处。

5. 圈足底沿的部分，汤家岗有明显凹点的装饰，咸头岭方面并不明显。

总的来说，上述汤家岗与咸头岭两组白陶盘，形制纹饰基本是一致的。考虑到汤家岗白陶纹饰的构造一向以繁缛复杂称着，所用刻划、戳印、篦点构成各色各样的图案，由不同单元复合，形成浅浮雕风格等。反观汤家岗M2∶1白陶盘的纹饰，显得简朴雅致，可以说是相当例外的一种风格。汤家岗与咸头岭两地相隔近千公里，两者白陶圈足盘的特征如此一致，反映了这种圈足盘形制上稳定的风格，真是白陶千里能相认。任何人看到，都会肯定两者是同一传统下的制品。可以把这种圈足盘，锁定为一种文化上的DNA。为此，拟定名为"汤咸式白陶盘"，这对今后同种陶器确认及论述，将会起着积极的作用。

考古学主要是研究远古人类文化的工作。然而，考古学工作者往往受到当代文化、政治和空间等条件的限制。在东亚地区，考古学的解释，常常留下现代政治的烙印。考古学本身也是一部现代史的反映，考古学者的解释，自觉或不自觉地反映着生活空间的价值观念。这里以环珠江口白陶来源问题为例，略作探讨。

环珠江口的白陶，究竟是如何从湖南南传到珠江口呢？在这一问题上，环珠江口与湖南学者间，是有很大差距。

1. 1991年邓聪主张："圈足盘、彩陶技术和白陶三者，是同时从大溪文化辗转传到珠江口沿岸地域。"当时认为这种文化交流，应该是在某种技术上传播。1994年在《大湾文化试论》一文结论中补充了一句："我们很难想象在距今六千年前后，外来文化如入无人之境，向环珠江口一带扩散的单纯看法。"

2. 1994年，湖南省文物考古研究所所长何介钧在充分观察湘、粤两地考古新发现后，指出新石器时代文化由沅水入西江的传播途径，传播的形式"甚至成为大规模移民的动因"。何介钧先生所指两地的文化交流，有由北而南大规模长驱直入之势。

3. 2006年，深圳文物考古鉴定所李海荣先生发掘咸头岭遗址，被评为当年全国十大考古发现。2007年，李海荣先生主张：咸头岭所代表的文化，既受到湘西及洞庭湖地区影响，但更重要是自己创新，由本地发展起来的一支土著文化。

4. 同样是2007年，湖南省文物考古研究所贺刚先生却认为：咸头岭遗址可被视为由沅水中游高庙文化发展演变而来的一支区域性亚文化。

以上，在环珠江口工作的邓聪及李海荣，对新石器时代来自湖南的文化影响很明显采取比较保守和观望的态度，强调本土文化独创性因素。湖南方面何介钧、贺刚，则把新石器时代珠江口的文化视为大规模移民或者文化亚区的性质，强调来自湖南文化的传统主导性影响。

表面看来，邓聪、李海荣和何介钧、贺刚的立论，各有明显倾向，他们就同一问题而产生观点上的较大交锋，其中的理由是有可能双方均为各自工作所在地争取主导性的倾向。现今学术界均承认，新石器时代存在湘、粤间文化上的交流。其中，高庙文化、汤家岗文化及大溪文化三者，先后向南传播至珠江口。目前高庙文化与稻作农业的关系，并不是很清楚。汤家岗和大溪文化的稻作农业都相当发达。因此，湘粤这个时期文化上的交流，可以理解为稻作农业扩散历史。从这个角度去考察，从世界谷物农业扩散历史来看，西亚、欧洲以至东亚的日本，相似的学术论争屡见不鲜。国外一些相似争论的研究，当然会启发今后对此问题的探索。

这里以麦作农业为例说明，在西方考古学界，对欧洲初期的农耕有所谓"移民说"，即由西亚起源农耕，原住民有计划移民的结果。另一种看法，是欧洲的原住民在狩猎采集经济基础上，通过交易与交换等逐步学习栽培植物、家畜饲养技术，或者是把欧洲本身野生植物人工栽培化，而最后进展为农耕文化的"土著住民说"。诚如日本金泽大学的中村慎一指出，争论上过分强调"土著住民说"，又似乎陷入欧洲民族中心主义的陷阱中。以上"移民说"与"土著住民说"是针锋相对的。东亚方面，稻作农业研究史上也有同样的争论。在日本，弥生时代开始，就与水田稻作经济有着紧密的关系。弥生时代水田稻作的主要代表住民，是传统的绳纹人抑或是渡来的弥生人为主，引起所谓"主体者论争"。据谓日本九州地区研究者，较多倾向于绳纹人主体说；近畿的研究者，则较多信奉渡来人主体说。这同样反映了研究者所处于自己社会环境背景，对学说取舍倾向起着作用的有趣现象。从以上的西欧、欧洲麦作农业，东亚大陆与日本稻作传播问题上，反映着移民与土著间在开发新天地间的角色问题，往往反映出这种外来与本地间的争论。长江流域成熟稻作农业向珠江流域扩散问题，肯定也是以上同样问题的反映。

除以上的"移民说"与"土著住民说"外，欧美学术界普遍接受的是由A.J. Ammerman与L.L. Cavalli-Sforza所提出的"波动说"。谷物农业开展的结果是人口急速增加，以至于饱和而出现人口压力，向新土地需求拓展，为追寻可耕地而移动。长此以往，从农耕原来中心地向外呈现同心圆状缓慢扩大倾向。这样农耕民扩大的一方，使之出现周边狩猎采集民族相继被迫迁移的现象。这个学说受到考古学相关地区——西亚以至欧洲的农业扩散编年次序支持，又与遗传学、血液型所显示遗传因子频度等高线分布与年代相互吻合。这显示农耕的扩张，基本上就是农耕民人口增加，与地理上扩散的事实相互一致。世界考古学对上述波动说给予了强势的支持。英国剑桥大学的C. Renfrew把波动说进一步发挥，扩大西亚农业起源与扩散，作为对欧亚大陆上印欧语系分布历史解释的根据。

东亚长江稻作作为人类最重要三大谷物的农业之一，新石器时代以来农耕民对稻作扩散传播角色当然也是问题核心所在。从以上简略的介绍可见，对于处理长江中游对珠江水系在稻作农业扩散的问题，具有很重要的学术含义，是华南新石器时代农业经济生产确立与扩张问题的具体证据，有待深入分析。

汤咸式白陶盘命名的确立，其所处社会肯定是与长江中下游稻作农业成立背景有着密切关系。汤咸式白陶是农耕民的代表陶器之一，这可与日本稻作成立传播密切相关的远贺川式陶器进行比较讨论。

现今长江流域中、下游地区被认为是稻作农业原生的地区，其中长江中游洞庭湖一带，近年在稻作农业方面的考古工作突飞猛进，为国际考古学界所注目。据环境考古学者安田喜宪指出，在一万至二万年前，长江以南森林边沿的居住民,率先已制作陶器,开展了定居的生活。在一万年前,稻作的栽培逐步发展。约在距今9000年前,湖南省彭头山和八十垱遗址,出土全新世早期炭化米。

近年在八十垱遗址东面不足10千米范围的城头山遗址,就早期稻作农业考古取得了突破性的成果。2010年4月,邓聪有幸得以随尹检顺先生在城头山遗址博物馆内,目睹了稻作农业考古相关重大的发现。城头山遗址的堆积,包括汤家岗文化、大溪文化、屈家岭文化和石家河文化。其中重要发现包括如大溪文化早期城墙,年代上限在距今6400年前,是现今所知中国最早城址,对都市革命起源探索,有着重要意义。其次是在F地点发现了汤家岗文化时期水田的遗迹[1],是现今所知世界最早水田,遗迹内发现有大量稻属植硅石,年代可上溯到距今7000年以前。水田并可以分为上下两层,上层相当于汤家岗文化向大溪文化的过渡,即距今约6500年。大溪文化水田中残留有大量稻谷,估计是与宗教的祭祀相关。此外,在汤家岗水稻田上叠压着祭坛遗迹,如灰坑、柱穴,埋葬五具人首和其他动物骸骨,都是与稻作的祭祀相关。

最近,赵志军指出长江中游稻作农生产体系,可能发生于距今6000年前大溪文化时期。同样是受到湖南澧县城头山大溪文化古城发现的启发,他认为这种可能属于中心聚落性质的古代城址的出现,显示区域性人口增加的特征。在城头山城址中采集28份属于大溪文化土样中,其中11样品出土植物的遗存,都毫无例外地发现了稻谷遗存。因此,在距今6000年前后的大溪文化时期,长江中游地区即澧阳平原,应该已经出现了完全的稻作农业生产体系。

城头山遗址所反映汤家岗文化水田遗迹,以至大溪文化城址的存在,对长江中游稻作农业历史来说,都是重大突破性的认识,直接影响更远及珠江的流域。这次邓聪虽然只是对城头山遗址匆匆一瞥,却同样感受极大的震撼和冲击,对环珠江口地区新石器时代考古学的探索来说,也是补上了极其重要的一课。

---

[1] 尹检顺:《汤家岗文化初论》,《南方文物》2007年第2期。

咸头岭遗址出土的几件汤家岗时期汤咸式的白陶，犹如一石击起千重波浪，揭开了今后长江与珠江稻作农业交流历史的重要序幕。

要了解咸头岭这几件特殊白陶的含义，当然要从对汤家岗白陶背景的了解入手。对于汤家岗文化认识，近年湖南省文物考古研究所对汤家岗遗址，进行了几次具规模和系统的发掘工作。邓聪有幸承尹检顺的指教，参观了汤家岗遗址发掘的现场，并获得聆听由尹检顺先生主持在2007年11月至12月间第三次发掘的最新成果。汤家岗文化被视为史前文明因素的孕育期，正值新石器文化巨大变化和质的飞跃阶段。这方面，尹先生指出汤家岗文化三点重要的表现。

1. 精耕细作的水稻田技术。
2. 分层结构墓地、祭坛、祭祀坑等。
3. 高等级墓葬中具有神秘色彩的白陶的角色。

其中第一项水田遗迹，在湖南城头山遗址的介绍中已略谈及。第二点墓地结构方面，据研究汤家岗遗址墓地至少具备三级结构，即墓地、墓区、墓群。汤家岗墓地，可能是由两个大家族中五个扩大家庭共同墓地组成。墓地内随葬陶器摆放方式，有严格的一致性，随葬数量等级严格，高级的墓葬中，常见白陶盘或白衣红陶盘。尹氏推测白陶盘和白衣泥质红陶盘，并非一般的生活用器，应是墓地中地位较高的管理阶层或神职人员的象征物。

据统计，汤家岗遗址随葬白陶或白衣红陶类器的墓葬共26座，占全体墓葬总数约四分之一。其中，随葬白衣红陶盘14座，随葬白陶盘12座。随葬此类特殊器物的墓葬，一般每墓随葬一件。唯M1和M41分别随葬2件和3件白陶盘，M134随葬2件白衣红陶盘，说明三墓地位非同一般。从以上分析看来，从汤家岗文化中白陶也是相当罕有的。白陶有可能比白衣红陶又更珍贵。

整体来说，汤家岗墓地不仅是以血缘为纽带，分群组织，分层管理。如以墓地内随葬陶器数量的差异来衡量，则贫富悬殊和等级分化相当明显。以上分析充分显示出随着稻作农业社会开展成熟后，社会上逐渐出现积聚财富的差异等级，社会阶级结构的复杂化形成，特殊器物的拥有及使用现象等。

要充分理解咸头岭出土白陶的含义，邓聪认为与同样是东亚稻作传播历史的日本弥生时代相互比较，可以得到很多意味深远的启示。

日本作为稻作文化的次生地，对早期稻作扩散过程的认识，其中关键的一项文化指标，即远贺川式陶器的确认及其分布认识，起着很重要的作用。远贺川是日本九州福冈县中部一条北向流入响滩的小河。早在1931年，在远贺川周围发现过纹样丰富的弥生陶器，因此备受学术界的瞩目。由于北部九州过去未发现过有纹样的弥生陶器，所以立屋敷遗址也被称为远贺川遗址。

1932年，据小林行雄的研究，立屋敷出土陶器在日本的中部、四国以至近畿各地遗址，存在有同样的陶器，遂以"远贺川式"陶器命名，成为弥生时代前期弥生陶器的代表。而远贺川式陶器中最古代表，则以北部九州板付I式为代表。远贺川式陶器系一般包括壶、瓮、钵和少量的豆，从九州以至西日本都有着广泛分布，又由西而东传播，成为初期水田稻作扩散的文化指标，最远分布可达太平洋伊势湾沿岸青森县弘前砂泽遗址。日本西部向东北稻作传播的途径，估计很可能是日本海沿岸以船作为移动工具，估计在二百至三百年间，传播移动超过1000千米的范围。

从远贺川式陶器与稻作农业的扩散考察，汤咸式白陶盘在澧阳平原与珠江三角洲同样的发现，其中所蕴含的意义，尚有待探索，其重要性是两者惊人相似的程度，甚至反映出可能是同一集团人群的制作。如果咸头岭汤咸式的白陶盘是当地制作的话，这也反映了汤家岗文化的住民，可能辗转移民抵达到珠江三角洲。无论如何，两地同一形式白陶盘的存在，绝非偶然。

目前由于相关的田野考古详细报告并未正式发表，有关汤家岗文化中这种汤家岗—咸头岭式白陶盘的资料，我们掌握得并不多。就已公布丁家岗第一期、划城岗遗址汤家岗早期文化中，都看不到有相似的陶器。据现已发表汤家岗遗址资料中，M72：14和M2：15各有一件汤家岗—咸头岭式白陶盘。邓聪所见湖南省博物馆的展示中，其中一件白衣红陶盘，高10厘米，直径23厘米，比已确认的汤家岗—咸头岭式白陶盘稍大。就这件圈足盘身而言，基本上与汤家岗—咸头岭式白陶盘是相近似的，敛口、子口状口沿，波浪状戳印和刻划弦纹等。较大差异是圈足较高，圈足外壁上部有较复杂戳印篦纹。2010年4月,邓聪在汤家岗遗址现场展示图片中,亦曾看到两件如上述湖南省博物馆中所展示白衣红陶圈足盘,或称为夔龙纹白陶盘。这种圈足盘,应该可以考虑归入汤家岗—咸头岭式白陶盘体系之中。

按现今所知,白陶与白衣红陶在当时陶器中都是比较罕见的,只见于比较高级的墓葬中,而汤家岗—咸头岭式白陶盘在白陶中,亦占很少的比例。汤家岗和咸头岭出土相近似的白陶盘,这表示两者年代上,也应该是比较相近的。邓聪估计,可能就是比较短暂约一至二百年间,以很快速度已从澧阳平原抵达直线距离1000千米以外的珠江三角洲。汤家岗文化作为一个以稻作经济基础的文化体系,其传播速度之迅速,比起日本远贺川式陶器毫不逊色。而汤家岗白陶盘比远贺川式陶器要早约近4000年。

日本中村慎一氏曾指出,世界谷物农业扩散速度研究显示,在公元前7000年前,麦作农业传播速度从伊拉克、土耳其一带出发,波及西欧、北欧以至英伦,所需时间约为三千年之久,横跨四千千米。而中国方面,如果以公元前6000年作为稻作传播年代起点,大约在公元前2000年,才抵达边沿地区如山东、广东、云南。而两者间距离仅六百至八百千米。如以4000年时间计算,年平均速度为0.15~0.12千米。这速度远远落后于西亚麦作农业传播。中村先生把长江稻作农业传播速度,比喻为如油在纸上渗透般的缓慢。

这里我们首先不谈山东、云南的问题,即以广东而论,汤家岗—咸头岭式白陶盘的发现,相信一定可以把过去长江稻作传播缓慢速度的假设,加以修正。推测在距今7000年前后,从澧阳平原至珠江三角洲之间,纵横河道及发达水上交通,肯定已畅通无阻。从汤家岗以至大溪文化,均具有雄厚的稻作农业文化基础来说,在距今6000年前后珠江水系稻作农业发展的可能性,必为今后考古学资料所证明。汤家岗—咸头岭式白陶盘与远贺川式两种具有稻作农业背景陶器的体系,前者以内河水系而后者随沿海扩散,史前时期河川和海洋,均成为人类交通来往最便捷的高速输送带,甚至可以媲美历史时期骑马游牧民族,以至波利尼西亚人在太平洋上的扩散,毫不逊色。汤家岗文化和大溪文化的南移,为长江中游稻作农业传播速度问题上,为我们开拓了新思维。

有关汤家岗—咸头岭式白陶盘的传播，目前只有千里之遥的两处地点的分布。当然，今后有待两地间更多的发现。从长江中游澧阳平原以至珠江流域最后在珠江三角洲的出海口，稻作农业传播的自然生态环境上，同样是高温多雨的华南季候风的土壤，应该不存在较大的阻碍。

距今7000~6000年之间，澧阳平原与珠江三角洲两地上，应有过持续不断的交流。今后西江以至珠江三角洲必定有更多的汤家岗文化以至大溪文化因素的确认。白陶和红陶圈足盘，只是其中之一代表。由这些陶器背后所潜在的人际关系，外来人与文化所引致本地社会结构的变化，以至社会思想意识的转变等。至少，对太阳、鸟、船三者相近似的宗教思想崇拜，说明长江、珠江流域之间，已在同一战线上共同进退。我们可以断言，长江与珠江在新石器时代距今7000年前，共同缔造了东南亚地区稻作农耕与太阳崇拜的思想意识，逐步形成了根深蒂固的基础。

近年长江中下游是稻作农业起源地之一的说法，愈来愈受到学界的重视。目前早期稻作遗存的年代，湖南澧县彭头山遗址早到距今8000年，浙江余姚河姆渡遗址及萧山跨湖桥遗址在距今约8000~7000年间。据最新报道，浙江浦江上山遗址发现的谷壳，年代测定距今11400~8600年间。长江流域以南距今6000~4000年的新石器时代遗址，累积已达130余处。日本佐藤洋一郎根据考古出土稻DNA分析的结果，认为粳稻是起源于"长江文明"[1]。新西兰奥塔戈（Ontago）大学的C.F.W. Higham认为，南中国稻农业起源、传播与语系分布有着密切的关系[2]。他相信在公元前7000年前，发源于长江中游的稻作农业徐徐扩散至东南亚。

根据邓聪先生和何介钧先生的主张，环珠江三角洲彩陶来源于距今7000年前长江中游的说法，已得到学术界较普通的接受。我们很难想象长江中游大量陶器因素向珠三角扩散过程中，并没有附带传来稻作农业的技

---

[1] 佐藤洋一郎：《DNAが语る稻作文明：起源と展开》，東京：日本放送出版恊会，1998年，第166~180页。
[2] C.F.W. Higham. Lingnan and Southeast Asia in Prehistory. Archaeology in Southeast Asia. Hong Kong: The University Museum and Art Gallery, The University of Hong Kong, 1995, pp. 23-40.

术。更可能是长江中游稻作农业繁荣的发展，才是陶器等文化要素向外扩散最主要的推动力。日本金泽大学中村慎一教授认为，中国稻作农业与西亚起源的麦作物扩散方式相当类似。西亚麦的农业技术的扩散，平均以一年一千米的速度向西传播，横跨欧洲大陆最终传播至英国[1]。如果是这样，长江中下游的稻作农业，推测同样可以在少于一千多年间就传入岭南。特别考虑到早期文化的扩散，一般是以沿着河流两岸的推进方式。据悉东亚地区早期稻作农业与渔业也有着密切的关系[2]。因此，早期人凭借着水道的交通，史前文化使者就像驾驶在高速河道上往来自如。推测珠三角腹地在距今5000年前，就可能接受了稻作农业。邓聪先生于1994年《大湾文化试论》[3]中尝试指出，属于大湾文化之一的蚬壳州遗址，曾发现过一些多孔的石刀。多孔石刀在大湾文化的出现，可能暗示稻或其他谷类作业的存在，对研究大湾文化的经济面貌，有着重要的意义。在距今6000～7000年前珠三角前沿的沿海，海湾沙堤空间突然出现大量的遗址，也可能是珠江三角洲腹地稻作农业相当发展后的结果。

当然，我们也考虑到在早期海湾的环境，并不一定适合稻作农业的发展。环珠江口彩陶的纹饰，主要利用点与线为基本单位，主题都离不开描绘水的各种的形态，包括流水与浪花。汕尾沙坑的彩陶盘无疑是一种水性彩陶盘，突出反映了对水或者是海洋的崇拜。因此，环珠江口距今6000～7000年前大湾文化遗址，可以被试释为长江稻作农业与内河渔业向珠江口沿海岸传播过程中，最后演变发展为适应海洋沿岸生态的文化。

距今4400年前，广州东部的黄埔区汤村茶岭先民可能已经开始种植以粳稻为主的栽培稻，在茶岭遗址检测到的水稻植硅体，应是目前珠江三角洲地区出土单位明确、年代最早的栽培稻实物遗存，这无疑是茶岭遗址最为重要的考古发现。其与粤北石峡文化有较为密切的联系是无可置疑的。

---

[1] 中村慎一：《稻の考古学》，東京：同成社，2002年，第181～220页。
[2] Keiji Imamura. Prehistoric Japan: New Perspectives on Insular East Asia. Honolulu: University of Hawaii Press, 1966.
[3] 邓聪、黄韵璋：《大湾文化试论》，《南中国及邻近地区古文化研究》，香港：香港中文大学出版社，1994年。

第二节

新石器时代晚期的树皮布石拍

《史记·食货列传》中的楊布,是树皮布最早的记录。16世纪欧洲人向太平洋、美洲及东南亚岛屿的扩张,开发了探索世界树皮衣服的体系。东亚地区,1915年法国学者T.V.Holbe发表在越南昆嵩省发现了树皮布石拍,在20世纪30年代期间,麦兆良神甫在粤东的汕尾沙坑南遗址,发现了四件石拍。

麦兆良神父在汕尾沙坑南遗址共采集石拍4件(图九)。第一号石拍圆角长方形。石拍中央断裂一分为三,可以接合复原。石拍基本形制完整。背面有较大沿节理面的剥落痕。下部一角出现崩落的破损。顶部沟槽面的前端,沟槽脊末端被磨圆,很可能是使用过程中形成的。拍顶上两侧角为圆角,是树皮布拍重要的特征之一。拍正面为纵向沟槽痕共17条。沟槽脊为纵向排列,上方沟槽脊有若干崩溃使用痕迹。下方沟槽脊形态显得较完整。这件石拍曾经过拍行制作树皮布。第二、三、四号石拍残破较为严重,原来的整体形态难以掌握。

麦兆良神甫藏品中的4件石拍,依其形制观察,均有早晚二期之特征。现分述如下。

B1,石拍外形上,长度残缺;宽度完整,圆角长方。一面为素面,沟槽面清晰可以拍面存16条沟,纵向排列。沟痕上端尖窄,中部较宽深(图九,1)。

B2,长宽均残缺。器身上端一角残。沟槽痕上端较窄,中部宽深。两

图九 汕尾捷胜沙坑北遗址出土的石拍
1. B1 2. B2 3. B4 4. B3

面均残存6条沟,其中一面的沟槽痕深且宽(图九,2)。

B3,器身破损严重,仅余器身上端一角。两面均有沟槽,分别为4及5条沟,排列规整。其中一面的沟槽痕深且宽(图九,4)。

B4,器身破损严重,仅余器身上端一角。两面均有沟槽,分别为4及6条沟,沟槽脊崩断严重,沟槽脊漶漫不清(图九,3)。

依石拍的特征可将之归为早晚两期。B2之石拍,拍面均双面,虽然石拍较残,严重破损,但从残存之拍面上可观察到沟槽痕均沟槽痕排列基本规整。而且沟槽痕均大致对称纵向排列。其破损的共同特征,都是石拍沟槽头部破损。故归为早期石拍。同期的石拍还有B3和B4。

B1为晚期常见的单面拍面石拍,拍面沟槽痕细致紧密。

以4号石拍来讨论,4号石拍的右侧缘沿沟槽痕纵向。破裂为一分为二的可能性较大,右侧破裂后,又再被研磨平整。现今此石拍四侧,均为研磨面,是破损后再生的状态。石拍一侧上下两角,均呈圆角状态。石拍身较厚重,正反两面均有六条纵向沟槽痕,两面沟槽脊呈现若干崩落使用痕迹,曾使用制作树皮布。第2、3号石拍破裂损坏较严重,均为双面刻有纵向的沟槽痕,沟槽脊破损崩落严重,很可能是长期使用后而破碎。按拍身厚度上与第4号石拍接近,有可能是同类的石拍。

近十年,环珠江口地区过考古学者努力已发现了九十多件的树皮布石拍,对树皮布石拍的功用与分布、演变等研究已有一定的认识。麦兆良神父藏品中的沙坑南遗址发现这四件树皮布石拍残件,迄今为止,未有系统地进行报道及研究。我们可根据这四件石拍的形制,进一步加深对环珠江口地区石拍的理解。

对于石拍的研究,必须先从其基本描述方面进行初步观察,本项目主持人之一邓聪先生在《台湾出土冯原式石拍的探讨》[①]一文已指出:"如何对石拍进行客观的观察与记叙,是科学地探索树皮布文化的第一步,石拍可测量属性的选择与非测量性特征如何记录等数据,更是石拍分类的基

---

① 邓聪:《台湾出土冯原式石拍的探讨》,《桃李成蹊集:庆祝安志敏先生八十寿辰》,香港:香港中文大学中国考古艺术研究中心,2004年,第255页。

准。"本文分析环珠江口最常见之圆角方形石拍,对石拍长、宽、厚、头部与体部的区分、沟槽脊崩断状况等,作简略的说明。

圆角方形石拍,可分为圆角长方形和圆角正方形。石拍上方的圆角,为最大的特色之一。从拍面上沟槽痕的存否,可分为单面与双面,无沟槽痕的拍面,可称为背面。两面有沟槽痕的拍面,不分正反。沟槽痕是指拍面上被切铲凹陷的坑。沟槽脊是凸起如隔梁的部分。器身上端圆角的部分,以两侧沿上方的转折点处为准,转折点处以上为石拍的头部,其下为石拍身。石拍头部一端可称上沿,石拍底的一端称下沿,左右两边为侧沿。一方面,由于树皮布石拍与被拍打物接触的关系,石拍上沿与下沿使用痕的状况,常见明显差异。尤其是上沿,往往是拍打很受力的位置,破损的状况明显。另一方面,拍面沟槽脊上破损位置及状况,都与拍打姿势和角度有着密切的关系,这都是动态分析石拍功能重要的观察点。今后随着对石拍各细部深入的分析,肯定对石拍功能及使用方法,可以有更清楚的认识。

有关石拍破损形态分析,是石拍功能探讨很重要的线索。一般来说,可以区分为石拍沟槽面崩断和石拍器体破损两者去分析。

第一点:石拍面沟槽痕崩断现象

民族学数据显示,以石拍拍打树皮,是一种长时间强体力劳动的作业。石拍柄部是增强拍打力量的一种设计。每次拍打树皮,目的在于开松及重组树皮的纤维结构,往往需要数日持续地工作。这样可以推想,石拍在隔着树皮的木或石砧上长期重力拍打,拍面必定会形成很明显的拍打痕迹。这些使用痕迹,是理解石拍生产树皮布操作很重要的关键。石拍在长期拍打后,一侧常见明显崩断痕迹。这里所谓崩断痕迹,是指石拍由锯刻形成沟槽后,沟槽面由脊与槽两者相间构成,在使用过程中,由于拍打的力量,使沟槽脊容易出现局部崩落或折断。崩落轻微时,沟槽脊出现个别剥离疤状痕,使原沟槽脊直线的轮廓被破坏后成锯齿状。崩落严重时,沟槽脊多处中断破裂。据石拍上沟槽痕破损的形态,可以推测石拍的左、右手执持方式,更或推测石拍使用期间的长短。邓聪过去对后山石拍沟槽脊崩断程度区分为以下三类。

1. 崩断严重——沟槽脊漶漫不清；

2. 崩断显著——沟槽脊多处断断续续；

3. 崩断轻微——沟槽脊出现部分崩断破损。

第二点：石拍器身的破损折断现象

石拍折断方式可分为三种。

1. 纵向折断——破裂面与沟槽方向平行；

2. 横向折断——破裂面与沟槽方向交叉成近90°，上下一端或者两端折断；

3. 纵横向折断——破裂面方向与沟槽痕纵横交错。

下文有关石拍之描述，即以上述说明为根据。

近期邓聪先生对咸头岭遗址新发现之树皮布研究，依石拍的特征，将之分为早、晚两期。

早期石拍之特征包括五点。

1. 形制上为圆角长方形，上端圆角，下端为方形；

2. 石拍横剖面中央稍厚，两侧薄。纵剖面上端较薄，中及下部较厚；

3. 石拍面上沟槽痕均以锯片结合矩尺切割施工，沟槽痕和沟槽脊排列基本规整；

4. 拍面两面有大致对称纵向沟槽痕，沟槽脊由10～4条数目不等；

5. 石拍沟槽脊及头部，常见显著或轻微的崩断。石拍体破损以横或纵向折断常见。

晚期石拍之特征包括两点。

1. 形制上包括有圆角长方形、长条形和方角长方形；

2. 以单面拍面为主，拍面沟槽痕一般细密紧。

2006年咸头岭遗址发掘出土石拍共5件，按咸头岭报告书对该遗址不同时期堆积，年代区分为三期五段。

第一段：4940BC～4770BC（树轮校正，下同），年代上限接近距今约7000年，此段未发现石拍。

第二段：4910BC～4500BC，年代下限推测在距今约6600年前，发现一件石拍，标本06XTLT16：2。

第三段：4690BC～4460BC，年代下限距今约6400年，发现一件石拍，标本06XTLT36：2。

第四段：据测定年代范围在6430BC～6240BC，报告者认为此段是次年代测定可能偏早，推定年代约在距今6200年。发现石拍两件，标本06XTLT14：34和06XTLT24：7。

第五段：据测定年代为2480BC～2220BC，报告者认为此年代可能偏晚，推定年代约在距今6000年前后。发现石拍一件，标本06XTLT73：7。

依李海荣先生按陶器组合发展的演变，以上五段再综合为三期。

第一期，包括第一至三段；

第二期，包括第四段；

第三期，包括第五段。

第一至三段连结紧密，第四至五段连接比较紧密。唯独第一至三段与第四至五段间的差别比较大，衔接不上。邓聪按以上年代组合对石拍特征进行综合讨论。依测定年代所推测，2006年发掘第二至五段均出土石拍，数量虽然较少，推测所跨年代范围距今6600～6000年间，该遗址住民很可能较长期间使用石拍。这里依分期对石拍特征略作讨论。

1. 第一期石拍特征探讨

第一期石拍共2件，是迄今环珠江口地区从地层中出土年代最早的石拍，是这个地区石拍早期的代表。综合分析其特征包括五点。

（1）形制上为圆角长方形，上端圆角，下端为方形；

（2）石拍横剖面中央稍厚，两侧薄。纵剖面上端较薄，中及下部较厚；

（3）石拍面上沟槽痕均以锯片结合矩尺切割施工，沟槽痕和沟槽脊排列基本规整；

（4）拍面两面有大致对称纵向沟槽痕，沟槽脊由10～4条数目不等；

（5）石拍沟槽脊及头部，常见显著或轻微的崩断。石拍体破损以横或纵向折断常见。

作为第一期的2件石拍所显示的一些特征，启导了环珠江口史前石拍形制的先河。首先从形制上考虑，迄今为止，新石器时代香港大湾[①]、虎地湾[②]、涌浪[③]、万角咀[④]、中山龙穴[⑤]、珠海水涌[⑥]、深圳大梅沙[⑦]、大黄沙[⑧]、东莞蚝岗[⑨]等遗址，都出土圆角方形石拍。广东在青铜器时代如普宁后山遗址，也出土同样的石拍[⑩]。圆角方形石拍在这地区延续了三四千年的发展历史。其次在功能上考察，石拍沟槽被认为是拍打开松树皮纤维的作用。从第一期2件石拍的使用痕，可以分为三类。

第一类，石拍为残器，呈纵向和横向折断；

第二类，石拍面上沟槽脊有显著或轻微的崩断；

第三类，石拍头部磨耗显著。

这几种使用痕在民族学拍打树皮布的石拍上得到同样的确认。因此，咸头岭第二、三段出土石拍，推测也是用作拍打树皮布的工具，并且第二、三段出土石拍上一些使用痕的特征，也显示了共同的倾向。然而，第

---

① 吴耀利：《香港南丫岛大湾新石器时代遗址》，《中国考古学年鉴1997》，北京：文物出版社，1999年，第250、251页。

② W. Meacham, Fu Tei Wan. Archaeological Investigations on Chek Lap Kok Island. Journal Monograph IV. Hong Kong: Hong Kong Archaeological Society, 1994, pp. 23-44.

③ W. Meacham. Middle and Late Neolithic at "Yung Long South". Archaeology in Southeast Asia. Hong Kong: The University Museum and Art Gallery, The University of Hong Kong, 1995, pp. 445-466.

④ T.N. Chiu and V. Ward. A Barkcloth Beater (?). Journal of Hong Kong Archaeological Society 2 (1984-1985): 98.

⑤ 杨式挺、林再圆：《从中山龙穴及白水井发现的彩陶谈起》，《南中国及邻近地区古文化研究——庆祝郑德坤教授从事学术活动六十周年论文集》，香港：香港中文大学出版社，1994年，第379~393页。

⑥ 赵善德：《前山镇水涌、猫地遗址调查》，《珠海考古发现与研究》，广州：广东人民出版社，1991年，第125~136页。

⑦ 深圳市博物馆：《广东深圳大梅沙遗址发掘简报》，《文物》1993年第11期。

⑧ 深圳市博物馆、中山大学人类学系：《广东深圳市大黄沙沙丘遗址发掘简报》，《文物》1990年第11期。

⑨ 冯孟钦：《蚝岗遗址发掘的主要收获》，《东莞蚝岗遗址博物馆》，广州：岭南美术出版社，2007年，第76~91页。

⑩ 广东省文物考古研究所、普宁市博物馆：《广东普宁市池尾后山遗址发掘简报》，《考古》1998年第7期。

二、三段两件石拍之间，也存在明显的差异。由于目前各段的代表标本仅有1件，相互间的关系，一时难以理清。

比较值得注意是，第二段出土石拍复原后宽度约7厘米，此拍长宽为10厘米×7厘米大型的石拍，石拍表面沟槽痕可能约有10条。第三段的一件石拍宽度较窄，仅有4条的沟槽痕。上述的两件石拍沟槽痕数目的差异较大。而第三段石拍沟槽痕刻划，又明显是较深的。综合考虑，我们可以推测在第一期的阶段，因功能上差异，石拍的形制已出现分歧。据民族学资料显示，这两种石拍在拍打树皮布过程中，在工序上可能有先后的差别。如果是这样的话，环珠江口石拍技术在最初出现阶段，就已经是非常成熟的树皮布工艺体系，即按工序的不同使用不同石拍，这有待今后更多资料去确认。其次，第二段石拍侧沿上的粗短凹槽，也可能与制作树皮布有关。这种在石拍侧沿施加刻划的石拍，在香港大湾和中山龙穴遗址的石拍也有发现，但并不常见。还有是第二段的石拍，两面对称沟槽脊在头部是相贯通的。这种特征在环珠江口新石器时代出土数十件石拍中，是唯一的例子。这是否反映早期石拍的一种特征有待确认。最后，第三段石拍上透穿的小孔，亦为环珠江口中石拍所仅见例子。结合上述特点，这都是理解第一期石拍的特征可以注意的地方。

2. 第二、三期石拍特征探讨

第二期即第四段出土的两件石拍，分别为圆角长方形和长条形。同期间存在两种形制不同的石拍，特别是拍面沟槽痕之深浅多寡之差异，非常明显。此阶段圆角长方形石拍是继承第一期石拍的传统。因此，06XTLT24：7一件沟槽痕较少及较浅的石拍，是此时期首次出现的类型。

第四段中这两种不同石拍的共存，可以视为拍制树皮布过程中，不同类型的石拍，可能扮演着不同的功能。

第三期五段石拍仅有一件，形制上为方角长方形，承接了第一、二期环珠江口石拍的传统。这件石拍现存是4件破裂个体再拼合，估计是由于一次猛烈拍打，同时出现横向和纵向的破裂。石拍是用作拍打的工具，而常出现石拍体全体的破损，是第一至三各期石拍共通的特征，也说明了它们之间在使用方法上，有着比较接近之处。

2006年在咸头岭遗址的文化堆积中，第一至三期共发现5件石拍，由于出土层位明确，提供了本地最早新石器时代石拍类型演变探索的重要依据。此外，近年在东莞蚝岗遗址，也从新石器时代层位中出土了不同时期的石拍。再加上青铜器时期粤东出土过不少的石拍。现今我们对岭南距今6600～3500年间石拍的演变，有了初步认识。

这里先从是次咸头岭遗址出土石拍的对比研究，略作讨论。

1985～1989年间两次咸头岭遗址的发掘，共发现6件石拍，仅有1件完整。据公布完整石拍为圆角长方形，拍面有沟槽痕25条，沟槽痕宽约0.2厘米，背面及四周磨制光滑。很可惜，是次报告中只报道了1件石拍。此后，1997年至2004年咸头岭第三、四次发掘简报，迄今还未发表。邓聪于近年多次前往深圳博物馆内参观咸头岭遗址出土的遗物，所见第三、四次发掘曾出土有较多石拍。2001年蒙深圳博物馆叶杨先生惠示，对1994年前出土8件石拍进行初步分析。由于该批石拍尚未有报道，详细的分析尚待今后发表。邓聪初步的印象是，这8件咸头岭石拍，其中形制可辨的5件，均为圆角长方形，8件石拍均是单面拍面，即另一面为素面。一般来说，拍面上纵向沟槽痕数目较多，细密紧凑。如简报已发表的一件，沟槽痕多至25条。据李海荣先生的指教，2004年前咸头岭遗址的发掘范围，主要是在第二列沙堤上。如果是这样，则2004年前发掘出土的石拍，可能大多是属于该遗址新石器时代较晚的一段，年代上或许与2006年的第二、三期文化堆积大致相当。这样，2006年第一期第二、三段出土的石拍，很可能是咸头岭遗址迄今所发现最早的石拍。按现今初步分析，咸头岭址出土石拍可以区分前后两期。

1. 早期：以第一期二、三段石拍为代表；
2. 晚期：以第二、三期或者是2004年前出土的石拍为代表。

咸头岭遗址[①]早晚期均出土圆角长方形石拍，早期拍面沟槽痕均为两

---

① 深圳市博物馆、中山大学人类学系：《深圳市大鹏咸头岭沙丘遗址发掘简报》，《文物》1990年第11期；深圳市文物考古鉴定所：《深圳咸头岭——2006年发掘报告》，北京：文物出版社，2013年。

面,沟槽痕较粗疏松散,晚期常见单面拍面石拍,拍面沟槽痕一般细密紧凑。这是从咸头岭遗址所反映出早晚期石拍之间,在技术结构上有明显的差异。然而,这种早晚期石拍上的变化规律,还有待更多例证去确认。

最后,就2006年发现新石拍的制作问题略做探讨。这5件石拍均为残件,基本上都已丧失原来石拍之功能,亦未见石拍在破损后有改作的倾向。从咸头岭遗址出土石器来说,迄今仍未见有制作石拍相关的资料。这里的石拍是否在本地制作有待确认。目前咸头岭遗址的第一至三期石器组合变化不大,重要的有锛、饼形器、凹石、锤、凿、砧、杵及砺石等。石拍一般都以粉砂岩制作。在各期砺石及石料中,粉砂岩质石器占不少比例。因此,咸头岭完全有当地制作石拍的可能性。石拍制作过程中,粉砂岩之片解技术,以砺石研磨拍面的加工,以至矩尺在石拍上施沟等技术资料,有待今后之发现。环珠江口迄今发现十数处出土石拍遗址,尚未发现石拍制作相关活动的资料,有待更进一步的工作。

按目前环珠江口新石器时代各遗址发现石拍的不同技术结构,仍比咸头岭遗址所反映的更为复杂。其中如香港赤鱲角虎地湾遗址出土石拍,与咸头岭遗址第二、三段石拍较接近,均为双面拍面。大屿山万角咀圆角长方形石拍,又与咸头岭晚期单面石拍几乎一致。此外,中山龙穴遗址出土长条状两侧带装柄凹槽的石拍,单面拍面,沟槽为方格纹,更是咸头岭遗址所未有的技术。

广东地区史前石拍是中国以至东亚地区已知年代最古老的树皮布文化体系。近年来,石拍体系从咸头岭遗址第一期(距今6600年前)到后山遗址[①](距今3500年前)间3000多年的演变趋势,已略可见其发展。

第一阶段

以咸头岭遗址第二至三段出土石拍为代表。圆角长方形石拍,双面拍面。

---

① 广东省文物考古研究所等:《广东普宁池尾后山遗址的发掘简报》,《考古》1998年第7期;邓聪:《东南中国树皮布石拍使用痕试释——后山遗址石拍的功能》,《揭阳考古》,北京:科学出版社,2005年,第239~251页。

第二阶段

以咸头岭遗址第四至五段、大黄沙、龙穴、大湾等遗址出土石拍为代表。仍以圆角长方形石拍为主流，流行单面拍面。此外石拍形态上有圆饼形、长条形等变化，新出现方格沟槽痕及凹槽装柄技术。

第三阶段

以东莞蚝岗遗址[①]第三期文化遗存出土石拍为代表。边沿出现折沿的菱形石拍。

第四阶段

以宝镜湾遗址[②]上文化层出土石拍为代表。拍身呈半圆形为特色。

第五阶段

以后山遗址出土圆角长方形石拍为代表。

以上第一至第四阶段均为新石器时代，第五阶段已进入青铜器时代。从广东地区现今所发现史前的石拍来说，圆角方形石拍是主流。这种石拍以咸头岭第二段石拍年代最早，石拍形态和功能上已很成熟，显然不是最古老的石拍，也显示了环珠江口石拍的起源，很可能是外来传入的可能性，此问题解决有待今后的努力。

按目前以上环珠江口发现五个树皮布石拍发展阶段来考察，麦兆良神甫所发现四件石拍在时代上均可能属于较早阶段，亦即属于大湾文化的范围。首先，第2～4号石拍从拍身长条方形，器身厚重及两面有规整纵向沟槽痕来看，与第一期石拍后段的石拍比较一致。如咸头岭遗址的06XTLT1：4-34，比较相近似。其次麦神父第一号的石拍，与珠海水涌，深圳水咸头岭最晚一段及香港大屿山万角咀出土圆角方形的石拍、形态基本一致，是十分标准化的石拍，常与大湾式彩陶盘共存，年代在约距今六千年前。麦神甫所采集四件石拍分别属于至少两个阶段的石拍。这方面同样在后来咸头岭遗址考古得到验证，有着重要的学术意义。

---

① 苏桂芬主编：《东莞蚝岗遗址博物馆》，广州：岭南美术出版社，2007年。
② 广东省文物考古研究所、珠海市博物馆：《珠海宝镜湾——海岛型史前文化遗址发掘报告》，北京：文物出版社，2004年。

按目前环珠江口新石器时代各遗址发现石拍的不同技术结构，仍比咸头岭遗址[①]所反映的更为复杂。其中如香港赤鱲角虎地湾遗址出土石拍，与咸头岭遗址第二、三段石拍较接近，均为双面拍面。报告中的图B1跟大屿山万角咀遗址圆角长方形石拍，又与咸头岭晚期单面石拍几乎一致。此外，中山龙穴遗址出土长条状两侧带装柄凹槽的石拍，单面拍面，沟槽为方格纹，更是咸头岭遗址所未有的技术。

邓聪曾著述《东南中国树皮布石拍使用痕试释——后山遗址石拍的功能》一文[②]，集中讨论了后山遗址出土的石拍问题，其中上文化层3件，下文化层2件，采集的3件。详细情况如下。

T2③：2，圆角方形，一侧及一端已残。单面凹槽排列规整，行距较宽，只剩下8条凹槽，有些崩断。残长7.2厘米，残宽4.3厘米，厚2厘米（图十，1）。

T2③：1，砂岩。扁体，圆角方形，一端缺损，残存半月形，背面磨平，正面为单面24条凹槽，槽痕平面排列，工整细致，多有崩断现象，推测拍面可能经长期拍打。残长7.56厘米，残宽7.81厘米，厚1.43厘米（图十，2；图十二）。

T9②：1，圆角方形，直身，条形，双面各有凹槽11条和9条，右面崩断较明显，破裂面较大，形成一个凹口。残长6.5厘米，残宽3.82厘米，厚1.3厘米（图十一，1）。

T7②：1，砂岩。直身，圆角方形，上部两端已成圆角，下身残断。双面均有8条凹槽，部分凹槽已磨平，漶漫不清。残长4.4厘米，宽5.4厘米，厚1.7厘米（图十一，2）。

T7②：5，圆角方形，器身已残，单面有凹槽13条，有的扭曲倾斜，但崩断不明显。残长7.2厘米，宽6.5厘米，厚1.5厘米（图十一，3）。

后山采：21，长方形，外形基本完整，下端略有缺损。单面有凹槽

[①] 深圳市文物考古鉴定所：《深圳咸头岭——2006年发掘报告》，北京：文物出版社，2013年。
[②] 邓聪：《东南中国树皮布石拍使用痕试释——后山遗址石拍的功能》，《揭阳考古（2003-2005）》，北京：科学出版社，2005年。

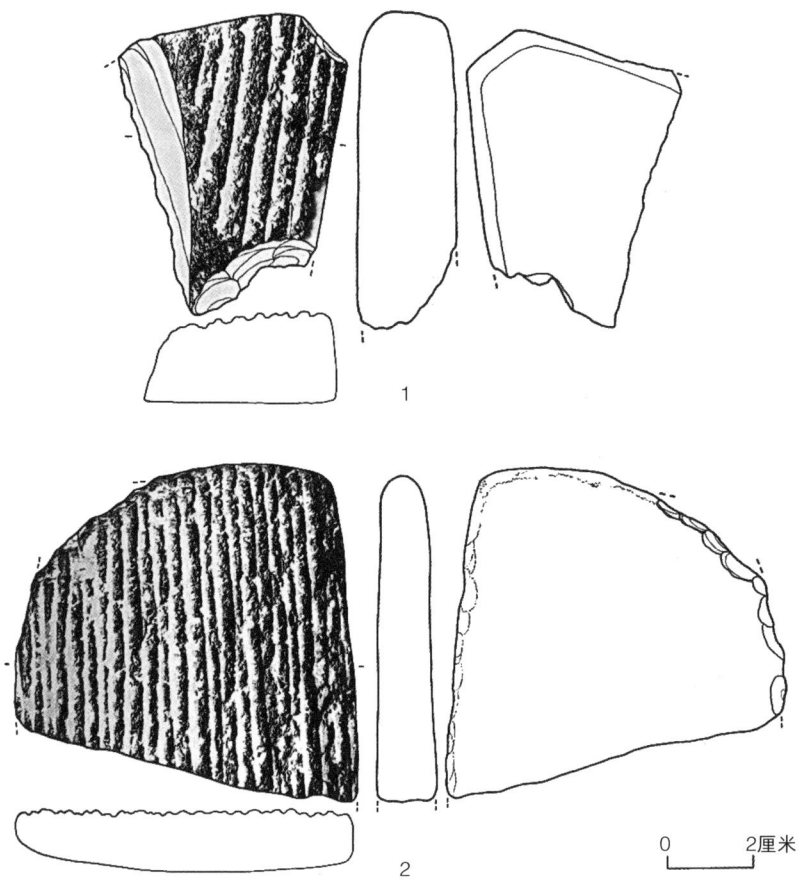

图十 普宁后山遗址下文化层石拍
1. T2③:2 2. T2③:1

共15条，多数有崩断现象。残长7.95厘米，宽5.7厘米，厚1.92厘米（图十三，1）。

后山采：24，砂岩。上下端及一侧明显折断，单面凹槽，崩断不明显。背面有数道深浅不一横的沟槽。残长5.65厘米，残宽7.3厘米，厚1.92厘米（图十三，2）。

后山采：22，粗砂岩。长方形，两端折断，中间断裂，单面凹槽共14条，多数有崩断痕，可能是使用时破裂折断。残长7.89厘米，残宽6.88厘米，

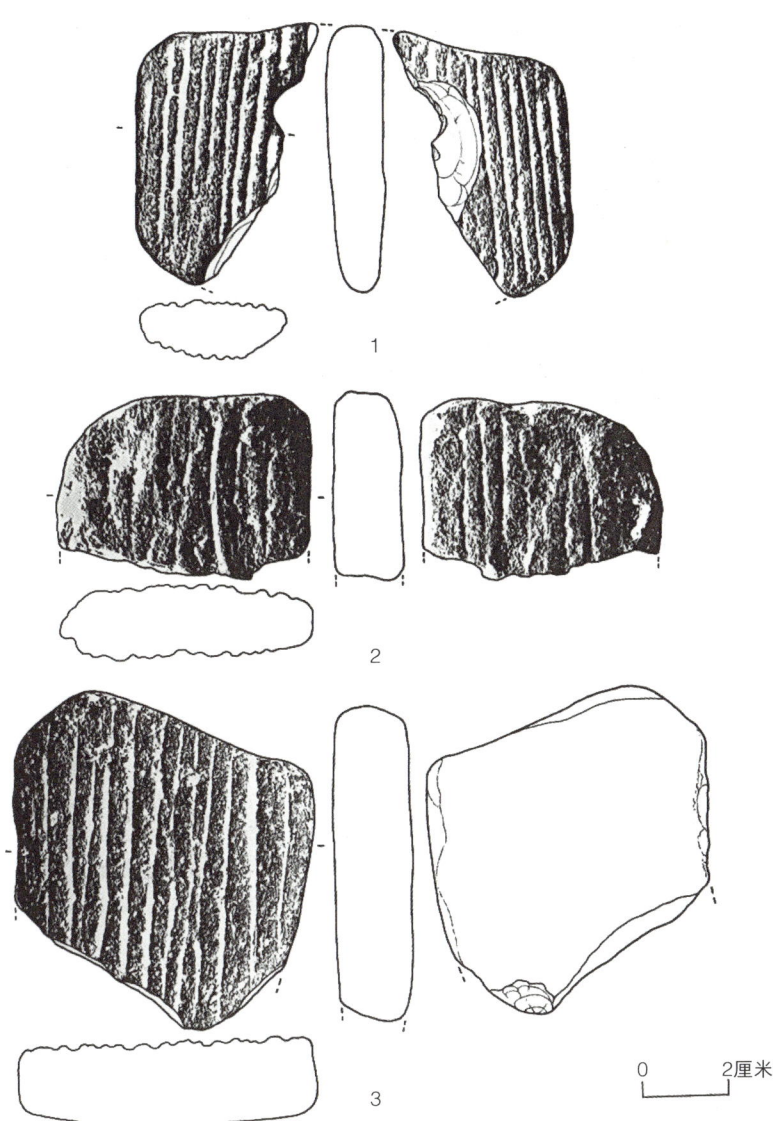

图十一　普宁后山遗址上文化层石拍
1. T9②:1　2. T7②:1　3. T7②:5

第一章　新石器时代

图十二　普宁后山遗址石拍的使用痕迹
（T2③：1）

厚2.13厘米（图十三，3）。

后山遗址的石拍可分为两期，下文化层所见为第一期，上文化层所见为第二期。其中第二期的石拍较之第一期的石拍显然要规整一些，第二期的石拍已出现两面有凹槽，这是第一期的石拍所不见的。发掘简报把这些石拍称之为"锉磨器"，属于制陶的用具，这很难令人信服。邱立诚认为后山遗址的石拍是树皮布的生产工具，这是有道理的。并认为"普宁后山是珠江三角洲地区以外的第一个地点，就年代而言，也是岭南区中年代最晚的地点之一，对探讨树皮布文化在岭南地区的发展及相关问题有着特殊意义"[1]。

邓聪对后山遗址的石拍进行研究后认为，石拍横向折断是多数的（图

---

[1] 揭阳考古队、揭阳市文化局：《揭阳的远古与文明——榕江先秦两汉考古图谱》，香港：公元出版有限公司，2003年，第74页。

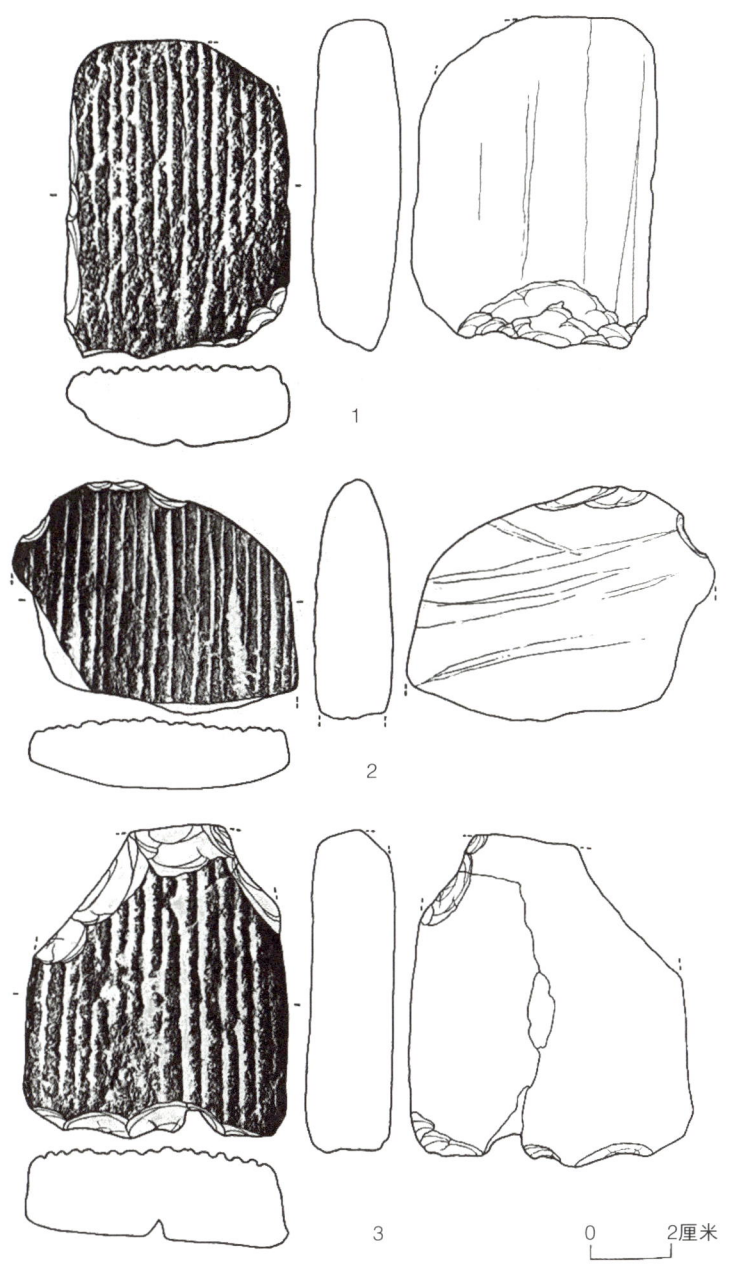

图十三　普宁后山遗址采集石拍
1. 后山采：21　2. 后山采：24　3. 后山采：22

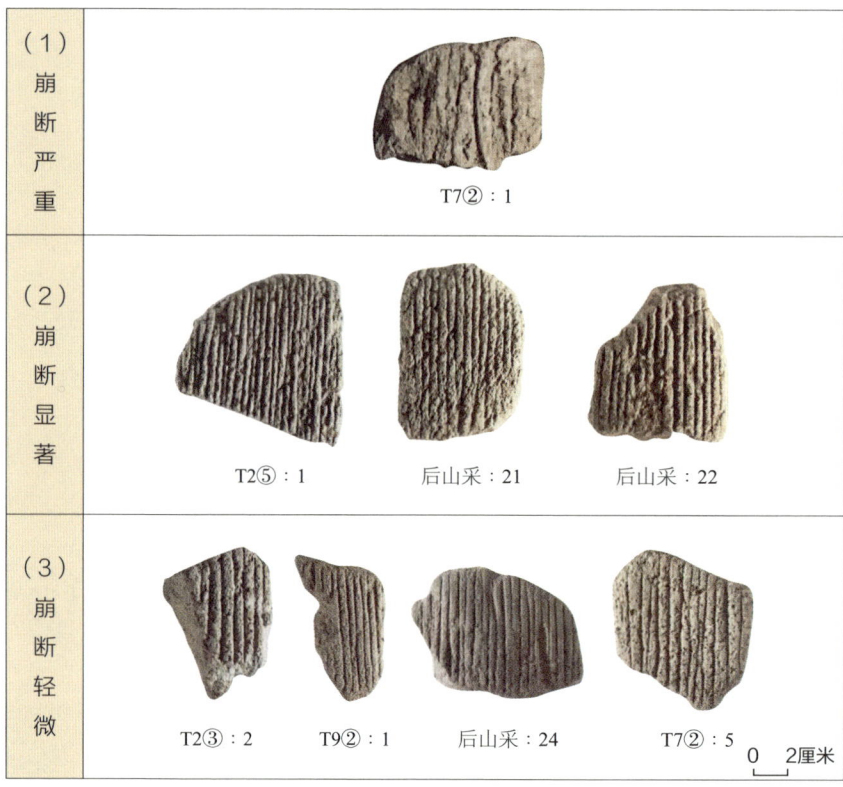

(1)崩断严重	
(2)崩断显著	
(3)崩断轻微	

图十四　普宁后山遗址石拍面部特征

十四），可能与拍打方式有关。石拍装柄后在树皮布制作过程中进行拍打时，石拍的前端最先接触砧台的部分，由此造成石拍折断是理所当然的事。所造成石拍的破损也是必然的，后来才被丢弃在遗址中。因此，石拍的功能与树皮布的制作紧密相关。有人认为石拍是"处理食物"或者"搓澡"的工具[①]，这都不能解释石拍上痕迹。虽然这些石拍很残破，但其中所包含的考古、历史、民族及工业发展的信息是非常丰富（表一）。

邓聪曾经指出："在人类衣服历史上，发源于中国的纺织丝布和树皮

---

① 容达贤：《关于环珠江口地区史前"树皮布文化"若干问题的探讨》，《深圳文博》，北京：人民出版社，2001年，第152～163页。

表一　普宁后山遗址石拍测量

出土单位	文物编号	图号	长	阔	厚	重量	原料	槽面	槽纹	槽纹数量	备注	资料来源
上层文化	T7②:1	图十一,2	4.40	5.40	1.70	41	砂岩	2	直纹	8/8	残	据笔者实测
上层文化	T7②:5	图十一,3	7.20	6.50	1.50	95	-	1	直纹	13	残	据笔者实测
上层文化	T9②:1	图十一,1	6.50	3.82	1.30	30	-	2	直纹	9/11	残	据笔者实测
下层文化	T2③:1	图十,2 图十二	7.56	7.81	1.43	91	砂岩	1	直纹	24	残	据笔者实测
下层文化	T2③:2	图十,1	7.20	4.30	2.00	85	-	1	直纹	8	残	据笔者实测
下层文化	T8③:6	-	12.00	7.40	-	-	泥质板岩质	-	素面	21	-	吴雪彬等,1998
采集	后山采:21	图十三,1	7.95	5.70	1.92	94		1	直纹	15	残	据笔者实测
采集	后山采:22	图十三,3	7.89	6.88	2.13	124	粗砂质岩	1	直纹	14	残	据笔者实测
采集	后山采:24	图十三,2	5.65	7.30	1.92	79	砂岩	1	直纹	21	残	据笔者实测

注：长、阔、厚单位为厘米；重量单位为克。

布的无纺织布，同样是具有世界性影响的重大发明。丝织品由丝绸之路自中国向西，在陆路上远达西欧，最后进入英伦三岛。树皮布技术自南中国南向进发中南半岛，席卷东南亚岛屿后，从海路跨过太平洋岛屿进入中美洲。树皮布在中美洲更广泛被用作为纸，具有记载文字的功能，对中美洲历史的影响，至为深巨。"[①]可以认为，广东地区史前石拍是中国以至东亚地区已知年代最古老的树皮布文化体系。

再者，汕尾的早期玉器是我们关心的另一个问题。海丰田墘出土的兽面纹玉琮，应是中心在浙江的良渚文化的输入，因为玉料也是良渚文化的，它们之间有着深厚的文化关系，无论从器形、制作工艺等都有相同之处。海丰出土的玉琮在线条、图纹等微环境创作艺术上超越了良渚，令我们感到很震撼。值得关注的是，历经几千年的历史沧桑，海丰出土的玉琮色泽依然丰润，玉质依旧良好。呈方柱圆筒形，外方内圆，外分四面（图

[①] 邓聪：《史前蒙古人种海洋扩散研究——岭南树皮布文化发现及其意义》，《东南文化》2000年第11期。

图十五 汕尾出土的玉器

1. 海丰田墘出土的玉琮 2. 汕尾出土的单孔玉铲 3. 汕尾出土的"T"字形玉环
4. 汕尾出土的山形角玉玦 5. 汕尾出土的玉玦

十五,1)。表面横面稍呈弧形,中间有一道宽1厘米的直凹槽,以四角为中心线,横向磨有二至三道凹槽将琮分为若干节,每节内刻有象征性兽面纹。如这件分四节,第一和第三节兽面以圆圈作眼,下面用减地法凸出一条横长方形凸块作口,兽面上端有一道刻云雷纹凹槽;第二和第四节兽面眼作重圆圈,两圈之间刻有细小的横竖线条,兽面上刻云雷纹,口与第一和第三节同。通高8.4厘米,射高0.6厘米,孔径上部6厘米,下部5.8厘米[①]。玉质为岫岩透闪石玉,泛淡黄绿色。岭南未见岫玉矿及史前制作场,而玉器出土于滨海区,玉琮形态与良渚文化同类器相仿(图十六)。由此推

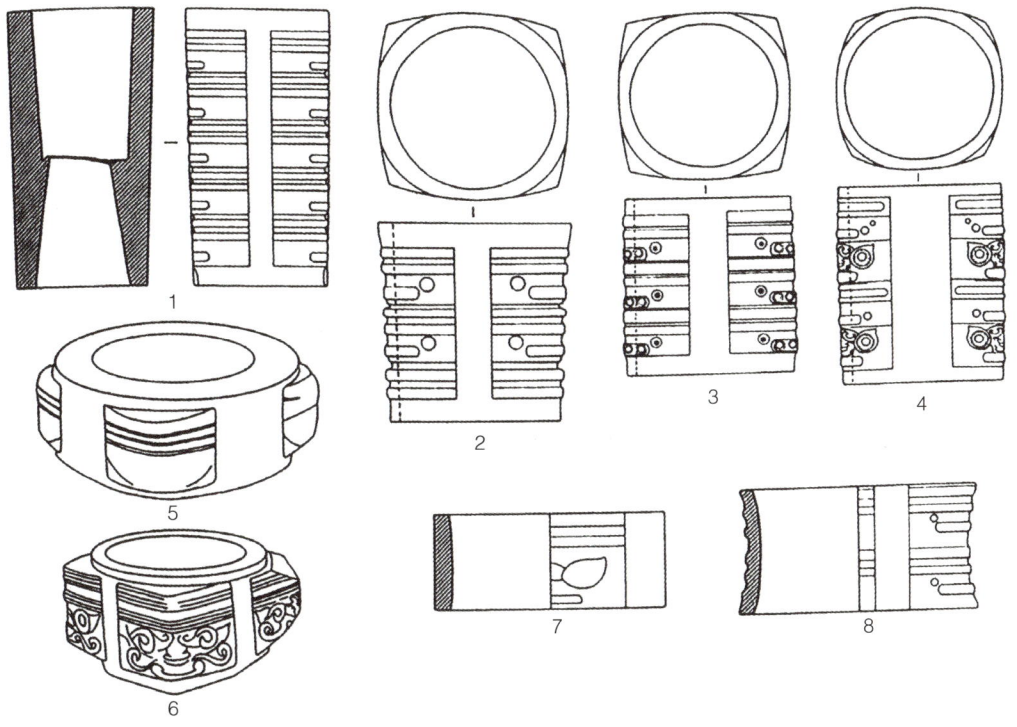

图十六　广东出土的玉琮
1.曲江石峡M105:1　2.封开禄美村对面岗M1:1　3、4.海丰田墘1号、2号
5.曲江石峡M69:28　6.曲江石峡M69:28　7.曲江石峡M6:2　8.曲江石峡56:1
(依朱非素:《岭外求真——朱非素考古论集》,科学出版社,2015年)

---

① 杨少祥、郑政魁:《广东海丰县发现玉琮和青铜兵器》,《考古》1990年第8期。

测，可能是岫岩玉南下，自北而南的分布体现了透闪石玉文化在东亚的延伸，对探寻中国古代观念的形成至为重要。

关于玉器的起源，邓聪曾写道："中国玉器起源的考察，很有必要从旧大陆北部的旧石器时代文化中去搜索。到了新石器时代以后，东亚沿海地域玉器文化一枝独秀，其后真玉逐步取代其他的石材，直至独占饰物的首位，成为蒙古人种文化重要的特征。"[1]

对于海丰出土的这件玉琮，邓聪以为"到了良渚文化时期，无疑是长江下游本土玉器繁荣的巅峰"，"西南四川金沙及广东海丰田墘遗址，两者出土有玉琮呈现黄绿色，都有可能是岫岩软玉在史前南方使用的例子"[2]。而封开的玉琮，与石峡遗址的玉琮、玉玦是同一种石料（图十六、图十七），归入石峡文化是必然的事[3]。

还需关注的是单孔玉铲（图十五，2）和"T"字形玉环（图十五，3），玉铲为梯形，单孔，与石锛形制相近。粤东地区很少见到有肩石器，这与

1　　　　　　　　2　　　　　　　　3

图十七　石峡遗址三期墓葬出土玉玦
1、2. M31:2、3　3. M113:4

---

[1] 邓聪：《玉器起源一点认识》，《邓聪考古论文选集Ⅲ》，香港：香港中文大学中国考古艺术研究中心，2021年，第15页。
[2] 邓聪：《贵玉残珉——真玉文化形成》，《邓聪考古论文选集Ⅲ》，香港：香港中文大学中国考古艺术研究中心，2021年，第71~73页。
[3] 朱非素：《广东石峡文化出土的琮和钺》，《良渚文化研究》，北京：科学出版社，1999年。

该地流行的器物特征密切相关。在早些时候，粤东地区较为流行有段石器，这也是新石器时代地方特点的反映，而接近新石器时代末期，是为常形石器流行的年代，即梯形石器大行其道，尤其是商时期更为如此。"T"字形环①又称"凸缘环"和"有领璧环"，断为2~3截后，古人在其靠近断口的地方钻孔系绳，以便再次使用。制作此器是有难度的，年代是新石器时代末期至商时期。一般认为起源于夏族发祥地的豫西晋南，与陶寺文化和河南龙山文化有着密切的关系，是夏文化的产物。在岭南地区，20世纪50至60年代，考古人员就在粤东北的大埔、梅县、兴宁、紫金以及珠三角北缘的清远湛江河支流等地分别发现了玉石"T"字形环。之后在普宁池尾后山遗址、龟山遗址等地，都发现了"T"字形玉环的踪迹。

山形角玉玦（图十五，4）又称"凸纽形玦"，在环南海地区有广泛的分布，形态各异，如菲律宾、越南、泰国及我国的台湾、两广、浙闽地区②都有发现，汕尾所见这一件，其形态与石峡遗址第三期墓葬③中的三件至为相近，宽肉，四个山形角饰，有一个很窄的玦口。其中M31：2，直径6.4厘米，内径3.7厘米，肉厚0.3厘米（图十七，1）；M31：3，直径8.1厘米，内径4.6厘米，肉厚0.3厘米（图十七，2）；M113：4，直径8.2厘米，内径4.3厘米，厚0.4厘米（图十七，3）。相类的凸纽形玦在华南大陆、台湾、中南半岛和东南亚群岛地带相对集中分布，通过对这类凸纽形玦的整理分析，可以探讨该区域史前与早期历史时期土著文化的交流。凸纽形玦是新石器时代晚期至早期铁器时代出现于环南海地区的一类特殊的玦形佩饰，是反映这一带区域时空民族文化特殊性的重要物质文化因素之一。

汕尾出土的玉玦（图十五，5），则与各地的形状基本相同，浅绿色，器较小，肉较厚，截面弧形。与北方地区早期玉玦基本相同（图十八）。总的来说，这些玉器一方面体现出南海地区粤东与珠三角的地方特色，有

---

① 张强禄：《再论东南亚大陆的"T"字形环》，《南方民族考古》第十七辑，北京：科学出版社，2019年。
② 干小莉：《从凸纽形玦看环南海区域土著文化的交流》，《南方文物》2008年第2期。
③ 广东省文物考古研究所、广东省博物馆、广东省韶关市曲江区博物馆：《石峡遗址：1973~1978年考古发掘报告》，北京：文物出版社，2014年。

图十八　中国出土的早期玉玦
1. 黑龙江滕家岗子　2. 内蒙古兴隆洼　3. 江苏祁头山

着环太平洋南岸的特点，另一方面又有来自南岭的石峡文化和华东地区的良渚文化的影响，与陶器所显现的情况相适应。距今4000年前后，珠江三角洲的环玦作坊，同样是在长江流域玉文化的照耀下仿真玉文化的代表，汕尾地区也不例外。汕尾地处东亚地区，自新石器时代以来，逐渐形成了追求真玉文化价值的传统，汕尾绿玉的出现，正是真玉文化的反映。

考古学资料显示，玦饰通常是用作耳坠。1917~1918年间，日本大阪国府遗址墓葬中，在国府18号（Ⅳ-3）头骨两侧出土一对玦饰[1]，属6000年前的绳文时代。这是一个壮年女性，左右玦饰分别为蛇纹岩及软玉（图十九），这是东亚考古首次证实玦饰就是耳饰。1939年施戈斐侣在香港大屿山东湾商时期4号墓中，在头骨一侧发现了玦饰[2]。20世纪50年代以后，先秦墓葬的死者耳部两侧，普遍发现玉玦。玦饰主要用作耳环已成为定论。

在中国，玦饰的使用至迟可追索到距今8000年以前的内蒙古兴隆洼遗址[3]，117号墓的墓主左、右耳部都有环形玉玦。同样，135号墓的人头骨两侧，也出土一对玦饰。

据民族学资料，海南省黎族则有穿戴金属耳饰的现象，1931~1932年

---

[1] 春成秀尔：《古代の装飾》，東京：講談社，1997年。
[2] W.Schofield.An Archaeological Stie at Shek Pik. Journal Monograph I. Hong kong: Hong Kong Archaeological Society, 1975.
[3] 杨虎、朱延平、孔昭宸，等：《内蒙古敖汉旗兴隆洼遗址发掘简报》，《考古》1985年第10期。

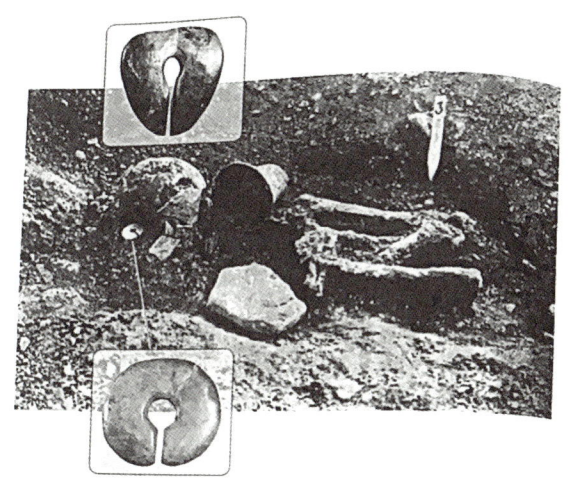

图十九　日本大阪国府遗址18号墓葬（Ⅳ-3）头骨两侧出土的一对玦饰

间，史图博（H.Stubel）对黎族穿戴耳饰有详细的描述。潘阳黎族的金属耳饰，是从汉族商人处购买。妇人愈是富裕，耳饰就愈多愈重。六岁女孩尚未穿着衣服，已是赤身穿戴耳饰[1]。邓聪对海南乐东黎族保定村进行调查，亦发现老妇陈扣良穿戴金属玦饰时，玦口大致向下。陈扣良五岁时就穿耳孔，耳垂孔最长时达10多厘米，"文化大革命"以后，就不常戴耳饰了[2]。中国古代文献中有许多关于穿戴耳饰的记载，如儋耳，儋字本作瞻，《说文解字》云："瞻，垂耳也"。《汉书·武帝纪》注引《异物志》解释儋耳谓："镂其颊皮，上连耳匡，分散数支，状似鸡肠，累耳下垂。"邓聪还在海南乐东见到80多岁王色开的耳垂，因三次耳饰过重而断裂，分叉为数支，就是汉代杨孚《异物志》中所言之逼真的写照。文献载古代有南北儋耳民族，《吕氏春秋·任数》谓："北怀儋耳。"《说文解字》亦有"南方有瞻耳之国"之记载。可见南北儋耳分布之广。北方儋耳在战国以后就已消失，而南方儋耳延续至今。现代女性所穿戴的耳饰，一般都在

---

[1] 史图博（中国科学院广东民族研究所编译）：《海南岛民族志》，内部发行，1964年。
[2] 邓聪：《南北儋耳——大耳垂风俗》，《邓聪考古论文选集》Ⅲ，香港：香港中文大学中国考古艺术研究中心，2021年，第44～47页。

数克之间，而古代的玉玦，超过20克重量的达28.6%，内蒙古兴隆洼遗址135号墓所出的玉质玦饰达33.8克，被称为"玦王"，耳垂穿戴这样重的玦饰，肯定会使耳根产生严重的变形，以至出现耳垂的伸展。兴隆洼遗址的发现告诉我们，南北儋耳之风俗，可能始自距今8000年前的辽海地区的族群。

麦兆良曾对汕尾遗址所出的石斧与石锛进行研究，把这通称为"石斧"，并称之为"双肩式"和"椭圆形"或"圆柱形""矩形"等，后面几类，我们通常的叫法是梯形石器。从其描述及图中可以看到，"双肩式"是很少的，其中双刃的"石斧"类更少，多数是梯形单面刃的，我们称之为"石锛"，还有的是有段的，即使有双肩石器，也多是单刃的石锛，我们称之为"有肩有段石锛"。一般来说，"斧"是双面刃的，"锛"是单面刃的。双肩石器是受粤中地区西樵山文化[①]的影响，福建与粤东地区是流行有段石器，有肩有段是其结合体，在粤北地区尤为多见。在粤东地区，梯形石器是最为多见的，汕尾地区也一样（图二十、图二十一）。

麦兆良的贡献对研究华南地区新石器时代极为重要，他多次在国际性会议上、国际刊物上，大量论述和发表汕尾沙坑文化的相关资料，提出沙坑文化的历史重要性和考古发现的丰富性，其科学论断获得同行的好评，沙坑文化在国际上得到承认和确立。麦兆良在1938年香港《自然》杂志第3卷第3期发表了题为《海丰的考古收获》论文，文中除对芬戴礼神甫开创海丰考古给予高度评价外，主要描述了21处重要遗址，这些遗址主要是先秦时期的，包括新石器时代与青铜时代。

---

① 邱立诚：《珠江文明的八代灯塔——论西樵山文化遗存的早期文明》，《南海西樵论坛论文集1》，广州：广东旅游出版社，2017年，第34~49页。

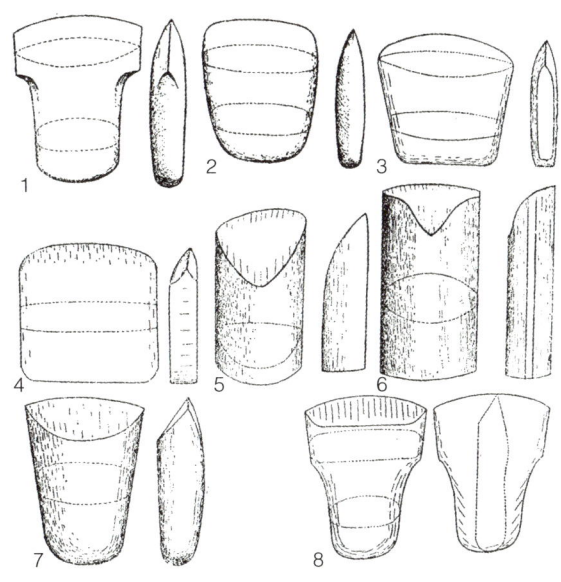

图二十　汕尾发现的石器

1. 双肩斧　2～4. 斧　5～7. 锛　8. 双肩锛（依香港考古学会）

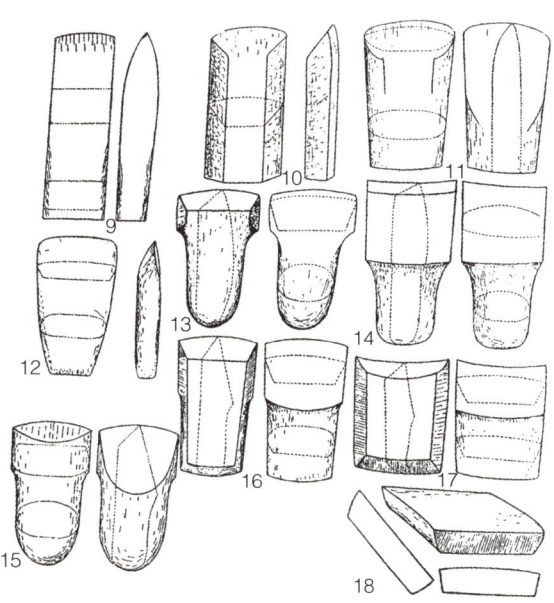

图二十一　汕尾发现的石器

9. 铲形器　10～12. 锛　13～16. 有肩有段锛　17、18. 凿（依香港考古学会）

第二章 青铜器时代

第一节
商前期的后山文化

香港历史博物馆收藏的麦兆良藏品文物中，属于商前期的器物以汕尾菝仔园的早期遗存为代表，其他地点还可见于南澳等，其实就属于后山文化。典型器物有鸡形壶、带把壶、折肩凹底罐、子口钵、杯、器座、支脚、釜等，多饰网格纹、方格纹；石器有钺、锛、斧、镞等。

现将相关器物列举如下。

一、陶　器

鸡形壶（标本Y66.3M），南澳地区发现。高24.5厘米。灰褐陶，火候略高，口部捏入形成一个大的壶口和一个较小的尾口，中间有桥形执把，金器呈鸡形，圆肩鼓腹，圜凹底，肩、腹至底饰方格纹（图二十二，1）。

带把壶（标本Y66.9M），东坑南发现。高12.3厘米。褐陶，火候一般，敞口，高颈，一侧有流口，另一侧对称有较宽的执把，从口沿黏接至肩部，平折肩，斜收腹，矮圈足，足较平外撇，肩、腹至底部饰网格纹（图二十二，2）。平折肩似有福建黄土仑遗址风格。

钵（标本Y66.5），潮阳地区发现。高11厘米。灰褐陶，火候略高，口微敞，沿下一周较浅的凹槽，弧腹近直，圜底微凹，饰方格纹（图二十二，4）。

杯一件。褐陶，火候一般，直口呈子母口状，近口沿处以两孔为一组

图二十二 青铜时代早期的陶器
1. 南澳的鸡形陶壶 2. 汕尾东坑南的带把陶壶 3. 潮阳的陶罐
4. 潮阳的陶钵 5. 汕尾的陶支脚 6. 汕尾的陶器座

对称而穿。深腹缓收,喇叭形矮圈足。饰网格纹(图二十三,1)。

罐(标本Y66.4),潮阳地区发现。高10厘米。褐陶,火候一般,敞口,沿外翻,束颈,垂腹略折,圜凹底。饰网格纹(图二十二,3)。汕尾所出的一件,黄褐陶,方唇,高颈,折肩,深腹,圜凹底,饰网格纹(图二十三,2)。

器座(标本Y66.33M-PAT11),汕尾出土。高13.3厘米。夹砂陶,火候略高,器中空,上部敞口,圆唇,器身较直呈筒形,座下外撇,饰粗绳纹,上部残,经修复(图二十二,6)。

支脚(标本Y66.38),汕尾出土。高10.5厘米。双角形。器矮小,直身,座足外撇。中空不贯穿。夹砂灰褐陶,火候较高(图二十二,5)。

二、石 器

锛 一件。汕尾出土。板岩,器厚,长身略近梯形,单面平刃,器身残留打制痕迹(图二十三,3)。

钺 一件(标本Y98.2M)。汕尾出土。板岩,黑色。器宽大,弧顶略缺损。顶缘及两侧圆滑,两侧向外斜出,刃较宽,偏锋,略钝,刃缘略弧。上部一孔,较大,双面钻。长13.82厘米,孔径3.43厘米(图二十三,4)。

后山文化中有一种器物引起了我们的关注,这就是鸡形壶陶器,也有文章称为鸟形壶,主要特征是扁腹,溜肩或折肩,上部一侧有一个较宽而敞的流口,另一侧有小而略尖的小口,似作鸡尾状。两个流口之间贯以桥形执把。底部为圜凹底或圜平底。器身饰方格纹,在揭阳地区较多。这时期的器物中,以鸡形陶壶、带把陶壶及折肩凹底陶罐较有特色。近年来,已认识到,有把带流陶器与折肩陶器均为商时期的主要特征,这在岭南地区也是较普遍的现象,虽然各地器形略有不同。就鸡形陶壶而言,它是来自东南沿海地区的文化影响,与江浙地区的带流陶器有密切关系。而在总体上,它以折肩、凹底的陶器风格,与各地同时期的遗存有很大的共同点。普宁后山遗存的陶器组合为壶、钵、杯、豆,推测其中有的属于陶质酒器,并且具有酒礼器的功能。

图二十三　青铜时代早期的陶、石器
1. 汕尾出土的陶杯　2. 汕尾出土的折肩圜凹底陶罐　3. 汕尾出土的石锛　4. 汕尾出土的单孔石钺

鸡形陶壶以广东普宁池尾后山遗存出土最多[①]，还可见于揭阳的仙桥、揭东的玉湖、新亨、云路、曲溪等地（图二十四）。以鸡形壶陶器为标志的后山类型遗存，在揭阳地区已发现37处，主要分布在榕江流域的中部及其支流，尤以东部最为密集，仅揭东区境内就达24处，揭阳的这种鸡形壶陶器在周邻地点，如麦兆良神甫的采集地点——南澳，还有五华、梅县、和平等地，向西甚至远达深圳咸头岭都有发现，这是后山居民向外迁徙或进行交流的实物例证，是文化传播之使然。

鸡形陶壶在粤东的出现，为了解东夷文化与百越文化的关系提了一把锁匙，从更大范围去考察，鸡形壶为商时期岭南地普遍出现的带把陶器、有流陶器开启了先河。作为一种祭祀的礼器，鸡形壶在岭南地区迈进文明社会的进程中起到了不容忽视的作用。

以鸡形陶壶为主要特点的普宁池尾后山遗存，以往一般都归属新石器晚期或末期，年代早于浮滨文化。近年来，已认识到有把带流陶器与折肩陶器均为商时期的主要特征，我们命名为后山文化，也是菝仔园文化的早期。在岭南地区是较普遍的现象，虽然各地器形略有不同。就鸡形陶壶而

图二十四　鸡形陶壶（揭阳）

[①] 广东省文物考古研究所、普宁市博物馆：《广东普宁市池尾后山遗址发掘简报》，《考古》1998年第7期。

言,它是来自东南沿海地区的文化影响,与江浙地区的带流陶器有密切关系。而在总体上,它以折肩、凹底的陶器风格,与各地同时期的遗存有很大的共同点。后山遗存的器物组合为壶、钵、杯、豆,其中有的属于陶质酒器,具有酒礼器的功能。由此看来,此时已迈进了文明时期的门槛。鸡形陶壶的分布以揭阳地区最多,揭东的曲溪五堆、云路中夏,埔田岭后埒均有发现。此外,周邻地区的南澳、饶平、五华、龙川、和平及深圳也有出土,这是各地与时俱进,走进新时代的反映。

关于后山类型遗存的发展,有的研究认为"后山类型与浮滨文化确曾存在平行发展的阶段"[①],有学者甚至认为后山类型的消失是浮滨文化西进的结果[②]。我们认为后山类型遗址与分布于粤东与闽西南地区的浮滨文化有早晚关系,两者相交时间是在浮滨文化的早段,在饶平大埔山浮滨文化墓地,可以看到后山类型的鸡形壶还存在[③]。在香港马湾东湾仔北的浮滨文化墓葬,鸡形壶已有很大的变化[④],这正是发展、传承的关系。后山类型遗存的方格纹凹底陶罐、子口圜平陶钵,在浮滨文化中是常见的器种,方格纹凹底陶罐还广泛见于岭南地区的商时期遗存。后山类型的年代主要在商前期,下限可能在商中期,而浮滨文化的年代为商中期至西周前期。由此而推断,浮滨文化对后山类型的部分文化因素是有继承性的,浮滨文化的主要特点之一是釉陶器(原始瓷器),浮滨文化的居民将后山类型的方格纹凹底陶罐融合进来,但多为折肩器,后山类型的垂腹罐和圆腹罐在浮滨文化中并不存在。在揭阳发现的37处后山类型遗存中,其中有16处与浮滨文化遗存是重合的[⑤],这不应是两种考古文化并存的现象,因为两种考古文化的居民不可能同时居住在一个地点,而理解为时间略有先后的两种居民应更为合理。

---

① 杨建军:《试论广东东部地区的后山类型》,《四川文物》2005年第3期。
② 卜工:《广东青铜时代的分期与文化格局》,《中国文物报》2001年11月16日第三版。
③ 邱立诚:《广东先秦考古研究的新进展》,《岭南考古研究》第2辑,广州:岭南美术出版社,2002年,第151~168页。
④ 香港古物古迹办事处、中国社会科学院考古研究所:《香港马湾岛东湾仔北史前遗址发掘简报》,《考古》1999年第6期。
⑤ 杨建军:《试论广东东部地区的后山类型》,《四川文物》2005年第3期。

鸡形壶陶器是如何产生的，这是大家都很关注的事情。就其体形而言，它与高领、折腹、圜凹底的方格纹陶罐有密切关系，它是在这类方格纹陶罐的基础上将罐口中部捏合，两侧形成流口，再加上执把，即可制成鸡形壶。但它出现的原因、背景是什么呢？由于在岭南地区更早的遗存中没有这类带流陶器的传统，这使我们将寻源的视线投向了东邻的福建和华东地区。

从时间上看，距今5000年前的浙江河姆渡文化出现的垂囊盉陶器可以说是鸡形壶陶器的祖形[1]，而距今近4000年的上海马桥文化[2]，所出现的鸭形壶陶器也是与鸡形壶陶器较为相似的器物，鸭形壶陶器分布广泛，浙江、福建均可见其踪影，一路南下，至粤东演变为鸡形壶陶器，故华东地区应是鸡形壶陶器的源头。江浙地区与福建、广东同属百越之地，华东地区的越人与岭南越人的交往自然十分密切，因此，年代在距今3500年前后的鸡形壶陶器是受鸭形壶陶器的影响而产生，可以认为，这是东夷文化南传后与粤东土著文化相融合的产物。也有可能是东夷族群的一支，南下后逐渐向粤东移动，鸡形壶陶器就是东夷后人怀念先人的一种器皿，故而在普宁后山遗址的墓葬中多有随葬。这种情况并非没有可能，因为在海丰田墘发现的玉琮就是江浙地区新石器时代良渚文化的器物[3]，粤东地区与江浙地区的文化交流毫无疑问地是存在的，也是非常密切的。

上述器物显示出商王朝的影响渐及广东地区，可以这样说，随着商王朝政治、军事实力的强大，商土也随之扩大。岭南虽然不属商土，但商文化的影响也渐见明显。一个最大的标志是，岭南地区的商时期遗址，陶器中普遍流行折肩器，这正是商代陶器的主要特征。但远在云南元谋县大墩子遗址的瓮棺墓[4]，也出现有相类的鸡形圈足壶陶器，年代亦相近，大墩子遗址与后山遗存之间究竟有何种关系，目前还难以辨明。

---

[1] 曾骐、吴雪彬：《揭阳榕江流域的后山类型》，《揭阳考古》，北京：科学出版社，2005年。
[2] 上海市文管会：《马桥——1993～1997年发掘报告》，上海：上海书画出版社，2002年。
[3] 杨少祥、郑政魁：《广东海丰县发现玉琮和青铜兵器》，《考古》1990年第8期。
[4] 云南省博物馆：《元谋大墩子新石器时代遗址》，《考古学报》1977年第1期。

第二节

商后期至西周前期的浮滨文化

在香港历史博物馆藏品中所见这时期的文物，以汕尾的菝仔园晚期遗存为代表，其他遗物地点散布于粤东各地，以蕉岭的长颈大口尊最具特色。还有各类施釉陶器和陶器壶、钵、杯、器座、釜、纺轮等，各种玉石器包括戈、矛、镞、璋、锛、凿、刀等，石饰品则包括环玦饰、串饰、珰、坠饰、笄、环芯等。其中釉陶大口尊、刻划斜线纹的杯等与浮滨文化无异，可以划属浮滨文化。

一、陶　器

陶器与石器举例说明如下。

大口尊（标本Y66.69），蕉岭出土。高64厘米。大敞口，尖平沿，沿面有密集的刻划条纹、交叉纹，长颈，圆肩，鼓腹，圜凹底，凹入较甚，肩、腹饰条纹，肩与中腹有两组弦纹，肩部三个竖耳，残，耳较宽，沿面上约有12个（残存6个）等距的小孔，折沿(唇沿)处有凸起的齿纹。灰褐陶，火候高，酱釉已脱落（图二十五，2）。南澳出土的一件，大敞口，长颈，折肩，收深腹，圜凹底，腹饰条纹（图二十五，1）。

长颈尊(标本Y66.2M)，菝仔园出土。高24厘米。灰褐陶，火候略高，长颈，敞口，尖平沿，颈下一周凸，圆肩，收深腹，小平底，饰条纹，釉脱落（图二十六，1）。

图二十五　南澳、蕉岭的陶尊
（依香港考古学会）

圜底钵（标本Y66.12M），菝仔园出土。高17.4厘米。灰褐陶，火候略高，口微敛，圆唇，缓收深腹，圜底（修复），或可能凹底，沿下与腹间一周凹弦纹，腹饰细方格纹。与后山钵区别在口沿，圜底钵已不是子口。

此外，陶尊和陶釜比较常见，尤以炊器——釜的数量为多（图二十六、图二十七）。

二、石　器

戈（标本2245），菝仔园出土。器残，仅存器身的中间部分，可见有一残孔，双面钻，两侧出刃。残长5.8厘米。

石锛的形制主要有两种。凹刃及平刃。凹刃锛是这时期的常见式，在马坝石峡遗址[①]及江西吴城遗址[②]都很流行。凹刃锛（标本X.S.23.57），

---

① 广东省文物考古研究所、广东省博物馆、广东省韶关市曲江区博物馆：《石峡遗址——1973～1978年考古报告》，北京：文物出版社，2014年，第1～607页。
② 江西省文物考古研究所、樟树市博物馆：《吴城：1973～2002年考古发掘报告》，北京：科学出版社，2005年，第1～425页。

图二十六　𦶎仔园文化陶器

1. 长颈大口尊（高24厘米）　2. 尊（高26厘米）　3. 釜（高16厘米）　4. 釜（高18厘米）
（依香港考古学会）

图二十七　𦶎仔园文化陶釜

1. 高19厘米，口径25厘米　2. 高24厘米，口径28厘米　3. 高18厘米，口径16厘米
4. 高12厘米，口径16厘米　5. 高15厘米，口径20厘米　6. 高13厘米，口径16厘米
（依香港考古学会）

菝仔园出土。长13.3厘米。器较宽，长方体，凹刃，正面多有打击痕，平直，背面微弧。平刃锛（标本Y98.12M-MS12A.PAT），菝仔园出土。长9.37厘米。砂岩，长方体，弧背，偏锋，两侧及顶、背尚留有打制胚痕。刃端平直，斜面微凹，磨剔。

T形环，均残。主要的特征为内缘凸起，外缘较薄、体宽。标本M22(4)，菝仔园出土。残缺大半，一个断口处有一小孔。外环厚度0.34厘米，内缘厚1.2厘米。

玉笄（？）[标本M19-04(2)]，长8.2厘米。长条形，上下两端残损，牙白色，磨剔光滑。

20世纪30年代，意大利学者麦兆良神甫在汕尾的菝仔园、沙坑南、东坑等地发现了浮滨文化时期的遗物，当时他命名为菝仔园文化（图二十五、图二十六）。麦兆良于1953年5月27日去世，6个月后，菝仔园文化[1]的两个测年报告[2]才到达，沙坑南遗址的贝壳样本年代为公元前1050±100年，东坑遗址的碳样本年代为公元前1175±400年，这两个数据都为商末周初，可以说是准确的。其后中国学者饶宗颐等人在揭阳、普宁等地的考古调查中获得一批遗物，其中有部分是属于浮滨文化的[3]。20世纪60年代，广东省博物馆对大埔县以及福建学者对漳浦的考古调查中已发现了浮滨文化遗物，但当时未能分辨出来，只是一般地归入新石器时期[4]。此外，大埔、揭阳、潮州、博罗等地也发现了多处浮滨文化时期的遗存或遗物（图二十八~图三十），为探寻和探讨这一考古学文化的地域分布提供了更多的资料[5]。

---

[1] 麦兆良：《粤东考古发现》中译本，汕头：汕头大学出版社，1996年，第95~120页。
[2] 曾柱昭：《麦兆良神父与广东考古》，《粤东考古发现》中译本，汕头：汕头大学出版社，1996年，第235页。
[3] 饶宗颐：《韩江流域史前遗址及其文化》，《选堂集林（史林）》，香港：中华书局，1982年。
[4] 黄玉质等：《广东梅县大埔县考古调查》，《考古》1965年第4期；《福建漳浦新石器时代遗址的调查》，《考古》1959年第6期。
[5] 邱立诚：《浮滨文化的研究史》，《浮滨撷英——广东饶平、大埔原始瓷发现与研究》附录二，上海：上海古籍出版社，2020年，第79~92页。

1981年，李伯谦教授在《试论吴城文化》一文中，已经指出"吴城文化和……广东潮汕平原以浮滨墓葬……为代表的诸文化遗存基本同时或略有先后"[①]。1983年，考古学家何纪生先生发表《香港的考古发掘与需要探讨的几个问题》一文，首倡"浮滨文化"[②]。1984年，朱非素发表《粤闽地区浮滨类型文化遗存的发现和探索》[③]，提倡使用"浮滨类型"文化一词。邱立诚于1993年提交《先秦两汉时期潮汕地区的考古学文化》论文，正式提出了"浮滨文化"的命名问题[④]，并于1997年与曾骐教授发表《论浮滨文化》，就"浮滨文化"进行专题论述[⑤]；同时，又以《浮滨文化》[⑥]为题，在《文史知识》上做了专题介绍。1998年，曾骐教授发表《从象山人到浮滨人》[⑦]，对潮州远古文化的历程做了深入探讨，其中一节，对"浮滨人及其文化"进行论述，得出了"这时韩江流域的居民才更多地渗入南越族的血液"这一结论。1999年，吴春明出版《中国东南土著民族历史与文化的考古学观察》，文中认为"粤东闽南地区青铜时代的开端仍是考古学界有争议的问题，其焦点是浮滨类型的年代以及浮滨类型青铜文化的内涵"[⑧]。杨式挺在《广东考古五十年》一文中以普宁牛伯公山遗址的测年数据为例，指出"浮滨文化"的进一步确立，认为"这说明以往对'浮滨文化'

[①] 李伯谦：《试论吴城文化》，《中国青铜文化结构体系研究》，北京：科学出版社，1998年，第218~230页。
[②] 何纪生：《香港的考古发掘与需要探讨的几个问题》，《学术研究》（内部文稿）1983年第6期。
[③] 朱非素：《粤闽地区浮滨类型文化遗存的发现和探索》，《岭外求真——朱非素文集》，北京：科学出版社，2015年，第185~194页。
[④] 邱立诚：《先秦两汉时期潮汕地区的考古学文化》，《潮州学国际研讨会论文集》，广州：暨南大学出版社，1994年。
[⑤] 邱立诚等：《论浮滨文化》，《粤地考古求索——邱立诚论文选集》，北京：科学出版社，2007年，第270~282页。
[⑥] 曾骐等：《浮滨文化》，《曾骐考古学论文集》，广州：广东人民出版社，2015年，第356~358页。
[⑦] 曾骐等：《从象山人到浮滨人——潮州远古文化的历程》，《曾骐考古学论文集》，广州：广东人民出版社，2015年，第329~336页。
[⑧] 吴春明：《中国东南土著民族历史与文化的考古学观察》，厦门：厦门大学出版社，1999年，第122~123页。

图二十八　浮滨文化原始瓷豆
（博罗横岭山M248∶1、饶平塔仔金山）

图二十九　浮滨文化的陶、石器
1、2.大口尊（揭阳油甘山、饶平塔仔金山）　3、4.石璋（揭阳仙桥）

图三十　浮滨文化的石器
1. 石戈　2. 石锛

的断代是可信的"①。

2003年,《揭阳的远古与文明》一书对浮滨文化进行专题论述,指出"从现有的考古资料来看,榕江流域是浮滨文化遗存分布较为密集的地区,……浮滨文化有其鲜明的独特风格","浮滨文化的范围,大体东至福建的华安、长泰、龙海,北达广东的蕉岭至龙岩南部,西至广东的揭西、普宁以及海丰,南至广东的潮阳"。"浮滨文化在岭南的出现,是商文化在南渐的过程中,一方面融合了土著文化,另一方面也接受了土著文化的影响而发生变异产生的新群体"②。

2006年,李伯谦教授发表《粤东地区文明化进程的考古学考察》,认为"后山文化的消失和浮滨文化的兴起,是当地文化变迁的重大事件",并指出"研究者一般都认为,浮滨文化的年代为商代,至迟也不会晚于西

---

① 杨式挺:《广东考古五十年》,《学术研究》1999年第10期。
② 揭阳考古队、揭阳市文化局:《揭阳的远古与文明》,香港:公元出版有限公司,2003年,第14、76、77页。

周早期"①。2007年，邱立诚又发表《再论浮滨文化》，对浮滨文化作了进一步的阐述，提出"商周时期的浮滨文化区是现代闽南方言区形成的基石，从文化发展、演变的角度看，远在3000年前的浮滨文化应就是潮汕文化与闽南文化积淀的底层及其渊源"②。

  浮滨文化的发现可以追溯到1974年在饶平浮滨、联饶③发掘一批属于商周时期的墓葬始，其后考古学家经过多年的探索，确认了这一考古文化的独特性。汉学大师饶宗颐教授对浮滨文化的发现与研究极度关注，早在20世纪80年代，即给邱立诚先生题赠"浮滨文化"四字（图三十一），勉励有加。1993年，饶宗颐教授发表《从浮滨遗物论其周遭史地与南海国的问题》④，敏锐地指出"浮滨文化遗存分布于粤东与闽西，恰巧是闽南方言的区域，要寻找汉初南海王国的所在，此中正可透露出一点消息"。为探讨考古学的浮滨文化与现今闽南方言语区的关系找出了衔接点。1997年，笔者与曾骐教授在《论浮滨文化》一文中，"推断当时已存在一个浮滨王国"。1999年，饶宗颐教授撰文《浮滨文化的石璋、符号及相关问题》⑤，明确指出："浮滨在古代是一王国。"这些探索，有力地推动了有关浮滨文化社会性质所进行的研究。2006年，饶宗颐学术研讨会在潮州举行，陈耿之等发表《饶宗颐与浮滨文化》⑥，对饶宗颐教授为浮滨文化研究所作的贡献给予评述。由此可见，汉学大师饶宗颐在探讨考古学上的浮滨文化进行了旗手般的推动。

---

① 李伯谦：《粤东地区文明化进程的考古学考察》，《文明探源与三代考古论集》，北京：文物出版社，2011年，第247~248页。
② 邱立诚等：《再论浮滨文化》，《饶宗颐学术研讨会论文集》，深圳：海天出版社，2007年。
③ 广东省博物馆等：《广东饶平县古墓发掘简报》，《文物资料丛刊》第8辑，北京：文物出版社，1983年。
④ 饶宗颐：《从浮滨遗物论其周遭史地与南海国的问题》，《岭南古越族论文集》，香港：香港博物馆，1993年。
⑤ 饶宗颐：《浮滨文化的石璋、符号及相关问题》，《岭南学报》（香港）新第一期，1999年；《浮滨文化的符号》，《饶宗颐二十世纪学术文集》卷一，北京：中国人民大学出版社，2009年，第249~257页。
⑥ 陈耿之等：《饶宗颐与浮滨文化》，《饶宗颐学术研讨会论文集》，深圳：海天出版社，2009年，第34~43页。

浮滨文化

图三十一　饶宗颐先生的题字

1991年，《漳州史前文化》的第七章"漳州地区的青铜时代文化"报告了云霄县的墓林山遗址，认为"有助于对浮滨类型自身发展和演进过程的认识[①]"。近些年来，福建地区的九龙江流域已有许多浮滨文化遗存的发现，如漳州朝阳镇的虎林山遗存[②]、松柏山遗址的第二组遗存[③]、南靖县金山镇的鸟仑尾遗址[④]和丰田镇的狗头山遗址[⑤]，还有南靖县的浮山、三凤岭，龙海县的枕头山等[⑥]。晋江流域也有一些考古发现，如南安、永春、安溪等地[⑦]。这些属于"浮滨文化"的遗存，有力地推动了对这个考古学文化的研究。

2015年，杨式挺等人出版了专著《广东先秦考古》，在书中的商时期第三节，作者专门设置了"浮滨文化"一题进行论述，提出"透过浮滨文

[①] 尤玉柱主编：《漳州史前文化》，福州：福建人民出版社，1991年，第92～99页。
[②] 福建博物院、漳州市文管办、漳州市博物馆：《虎林山遗址》，福州：海潮摄影艺术出版社，2003年。
[③] 福建博物院、漳州市文管办、漳州市博物馆：《虎林山遗址》，福州：海潮摄影艺术出版社，2003年。
[④] 福建博物院文物考古研究所、漳州市文物管理委员会办公室：《鸟仑尾与狗头山》，北京：科学出版社，2004年。
[⑤] 福建博物院文物考古研究所、漳州市文物管理委员会办公室：《鸟仑尾与狗头山》，北京：科学出版社，2004年。
[⑥] 尤玉柱主编：《漳州史前文化》，福州：福建人民出版社，1991年，第99～120页。
[⑦] 福建晋江流域考古调查队：《福建晋江流域考古调查与研究》，北京：科学出版社，2010年。

化可以证明，潮汕地区是岭南地区中最早受到中原华夏文明系统浸润的地区"[1]。由于浮滨文化代表了粤东与闽西南区域这一时期的考古文化，它所揭示的这一特定区域的社会历史对探寻百越先民其中一支的文化面貌及其渊源关系极为重要，它与古揭阳的关系以及与潮汕先民（包括整个闽南方言语区）的关系也备受关注，因此，浮滨文化被列入广东与福建的重大考古课题之一有着深远的历史意义和特别的社会意义。

迄今的考古资料显示，浮滨文化遗存主要分布于粤东与闽西南地区，即西至广东普宁，北达大埔和福建南靖，东在福建龙海、长泰一线，广东南澳等岛屿也属其分布范围。总体观察，其地域范围横跨榕江、韩江、九龙江和晋江四个流域，核心地区在广东揭阳至福建漳州之间。麦兆良神甫进行的考古活动的海丰及蕉岭等地区，均属于浮滨文化的外围地区。而福建的永定、永春亦属于外围地区。浮滨文化的器物，如釉陶器大口尊、壶、豆、罐和石戈等，则通过居民的迁徙携带或贸易等途径，到达了广东的和平、博罗、增城、深圳、珠海、中山以及香港等地[2]。

榕江的干流为南河，发源于广东陆丰百花园，经揭西、普宁，至揭阳城南，到双溪嘴与北河汇流。榕江的一级支流为北河，发源于丰顺猴子崠南麓，经县城汤坑，入揭阳，至揭阳城西再折向东北，到双溪嘴与南河汇流。两河合流后流经牛田洋由汕头入海。据2003年的复查资料，榕江地区的浮滨文化遗存是比较多的，仅揭东县（含揭阳市区）所见就达35处，其中较重要的地点有普宁牛伯公山、流沙龟山、揭东地都油柑山、揭阳仙桥山前村等[3]。

韩江，古称员水，其上源为汀江和梅江。汀江发源于福建长汀县与宁化县之间的木马山，流经上杭、永定至广东大埔三河坝与梅江合流。梅江则源自广东紫金白山崠的琴江，经五华到兴宁水口始称梅江，流经梅州，

---

[1] 杨式挺、邱立诚、冯孟钦，等：《广东先秦考古》，广州：广东人民出版社，2015年，第675页。
[2] 邱立诚：《广东先秦考古研究的新进展》，《岭南考古研究》第2辑，广州：岭南美术出版社，2002年，第151～168页。
[3] 揭阳考古队、揭阳市文化局：《揭阳的远古与文明》，香港：公元出版有限公司，2003年。

到大埔三河坝与汀江汇流，合流后则为韩江，此后流经潮州，然后在澄海境内分东溪、西溪、梅溪及新津河等几处支流入南海。目前，因韩江流域地区考古调查工作还有待开展，发现的浮滨文化遗存并不多，但已发现的地点却很重要，如饶平浮滨、联饶的墓葬，大埔枫朗等地的墓葬和韩江出海口外的南澳东坑仔遗址，都是极具典型意义的浮滨文化遗存。

九龙江的干流为北溪，主要支流为西溪。北溪发源于福建漳平，流经华安、长泰，到龙海与西溪汇流。西溪源于南靖，与来自龙岩、平和的支流在南靖合流后始称西溪，流经漳州到龙海与北溪汇流，然后从厦门入海。九龙江地区发现的浮滨文化遗存十分丰富，考古发掘也多有重要收获，如南靖鸟仑尾遗址、狗头山遗址，漳州虎林山遗址等。平和、云霄、龙海也有一些重要的发现。

晋江流域虽然也是浮滨文化分布区，但该区域目前所见的浮滨文化资料较为零散，也未进行考古发掘，尚未发现有重要遗存。

可将这四个流域的浮滨文化主要遗存划分为三组。

第一组：以普宁牛伯公山遗址、揭东油柑山墓葬和饶平联饶顶大埔山墓葬为代表，年代上限在商代中期。文化特点是凹底陶钵、凹底陶罐、长颈大口陶尊和直身石戈。

第二组：以南澳东坑仔遗址、饶平浮滨塔仔金山墓葬、大埔枫朗墓葬一期和鸟仑尾遗址二期为代表，年代上限在商代晚期。文化特点是圜平底陶钵、圜底陶罐、长颈大口陶尊的口沿外展较甚；亚腰形石戈。

第三组：以大埔枫朗墓葬二期、南靖狗头山墓葬和漳州虎林山遗址三期为代表，年代上限在西周前期。文化特点是圜平底陶罐、长颈大口陶尊的颈部不似早中期的长，多为平沿；石戈有阑。

事实上，考古学文化虽然是以物质遗存为主要研究对象，但却是以地缘关系为基础的。在浮滨文化形成之前，粤东区的考古文化以普宁的后山文化为代表，而闽南区的考古文化则以鸟仑尾遗址一期文化（鸟仑尾类型）为代表，两者之间的文化面貌是大异小同。到浮滨文化时期，粤东与闽南之间的文化面貌则是大同小异。浮滨文化横跨粤东与闽南四江流域，年代为商周时期，它与秦汉时期古揭阳的建置当不无关系。可以说，浮滨王国的建立，奠定了古揭阳辖区的基础。

浮滨文化有明显的商文化影响的因素，但它是通过江西吴城文化的媒介而接受的。浮滨文化的陶器（图三十二）可以分成两组。一组是有外来文化因素的施釉陶器，包括有大口尊、折腹豆、圈足壶等，长颈、折肩的大口尊有明显的商代二里岗风格，但与吴城文化的同类器更为接近；深盘、折腹、喇叭形圈足的豆则与江浙地区的豆类较为一致；一些壶类也具有商代青铜器的风貌，如觯形器。另一组是具有土著风格的印纹陶器，包括有凹底罐、圜底釜、钵等，最大的特点是器表饰有各种印纹，如网格纹、叶脉纹、梯格纹、编织纹以及绳纹等。但罐类中的折肩或折腹形态多少反映了商文化的影响。

浮滨文化的石器也有两种形态。一是戈类（图三十三，1～图三十三，5），虽然多种形式的戈是中原地区所不见的，但它们多少显示了商代青铜戈中直援戈的特征；二是各种锛、凿，其梯形的特点是其土著风格的延续和发展。此外，石器中最值得重视的还有2件出于广东揭阳仙桥山前村（图二十九，3；图二十九，4）和1件出于福建漳浦眉力的石璋[①]。眉力的石璋近柄部两侧有扉棱，刃端作舌形；揭阳的石璋刃端作分叉状，柄端一作双肩出阑，另一作穿孔弧形。这3件石璋与中原地区当不无关系，其礼器之功用至为明显，不仅是葬仪上做殓葬之用，还含有对先人怀念、崇敬和祭祀的意义。在中原文化南渐的过程中，南方璋器的出现正是其影响、扩张的结果，浮滨文化在商周文化的辐射网络中，扮演了重要的角色。

浮滨文化的青铜器目前还所见不多，仅有的几件是戈、矛、铃等，就戈的形制而言，仍然是早期铜戈的直援特点（图三十三，6；图三十三，7），虽然整体形状有较大的区别。由于浮滨文化的年代在商代中晚期至西周前期，因此，相信今后会有更多的属于浮滨文化的青铜器被发现。

浮滨文化的墓葬分布具有明显的等级形态。大墓位于墓地的中央较高处，而小墓在大墓的周围较低处。大墓的随葬品多见兵器，小墓只有陶

---

① 曾凡：《福建漳浦新石器时代遗址调查》，《考古》1959年第6期。

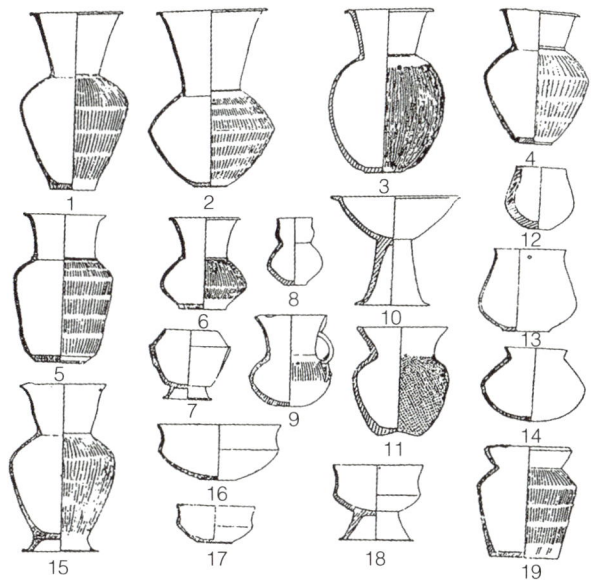

图三十二　浮滨文化的陶器（饶平）

1～3. 大口尊　4、5. 尊　6. 小尊　7～9、15. 壶　10、18. 豆
11、19. 罐　12. 杯　13. 盂　14. 釜　16. 盆　17. 钵

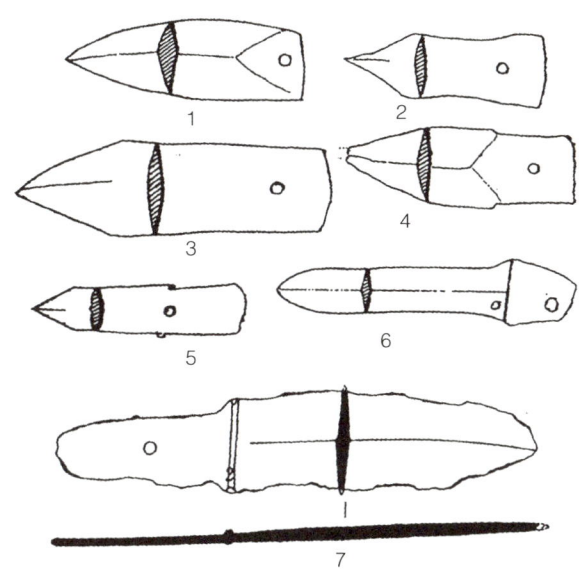

图三十三　浮滨文化的戈类

1～5. 石戈（广东饶平）　6. 铜戈（广东饶平）　7. 铜戈（福建漳州）

第二章　青铜器时代　075

器。其中广东浮滨塔仔金山1号墓长4.2米，宽2.9米，二层台坑穴长2.6米，宽1.08米，深1米。出土随葬品有陶瓷器和石器共36件①。福建漳州虎林山18号墓残长4.28米，残宽1.86米，二层台坑穴长1.85米，宽0.58米，中间长方形坑长1.2米，宽0.46米，深0.63米。出土随葬品有陶瓷器和石器共35件。19号墓略小一点，但随葬品有铜器、陶瓷器和石器共49件②。最小的墓坑只有长1.1米，宽0.5米。说明浮滨人已有贵族与平民之分，王国的雏形已经具备。

从浮滨文化的分布范围可知，在晚商至西周初期阶段，海丰地区是浮滨人活动范围地区之一。

浮滨文化虽然分布于粤东与闽西南，但其文化西渐在珠江口两岸地区有所显现。香港、深圳、珠海、中山、增城、博罗等地都发现了浮滨文化的器物③。一些带有浮滨文化因素的器物也在这一区域频频出现，以香港及博罗县为例，发现浮滨文化墓葬中，仍可找到浮滨文化向西渗入、发展、交流的遗迹。这里列举数例如下。

珠海市淇澳岛亚婆湾采集到釉陶豆的折腹部位残片和釉陶壶的圈足残片④。

中山市翠亨海边采集一件陶壶，侈口、小肩、垂腹、下腹折收，下接矮圈足。器表饰条纹。上腹刻划一个"Ⅱ"形符号。高13厘米，口径8厘米⑤。

增城市石滩围山遗址，出土有釉陶豆的口沿残片，可见口沿处对称穿双孔⑥。

---

① 广东省文物考古研究所：《浮滨撷英——广东饶平、大埔原始瓷发现与研究》，上海：上海古籍出版社，2020年，第3~8页。
② 邱立诚：《浮滨文化的研究史》，《浮滨撷英——广东饶平、大埔原始瓷发现与研究》，上海：上海古籍出版社，2020年，第90页。
③ 邱立诚：《广东先秦考古研究的新进展》，《岭南考古研究》第2辑，广州：岭南美术出版社，2002年，第151~168页。
④ 唐振雄等：《淇澳岛亚婆湾、南芒湾遗址调查》，《珠海考古发现与研究》，广州：广东人民出版社，1991年。
⑤ 中山市博物馆编：《中山历史文物图集》，中山：中山市博物馆，1991年。
⑥ 广州市文物考古研究所等：《增城石滩围岭遗址发掘简报》，《广东文物考古三十年》，广州：暨南大学出版社，2009年，第259~272页。

博罗县罗阳横岭山248号墓的随葬器物中，有一件釉陶豆，深折腹，口沿对称穿双孔（图二十八，1）；另一件夹砂陶釜，残。另外，在墓地还采集到一件敛口釉陶豆，应为墓葬所流失①。

香港大屿山蟹地湾出土两件釉陶豆，均深折腹，其一为高圈足，口沿对称双孔，口径略小于腹径；其二圈足较大，残，口沿对称一孔，口径略大于腹径②。

香港马湾东湾仔北沙丘的一座墓葬（C1044）③，随葬器物有：一件釉陶壶，长颈、圆腹、矮圈足，口沿对称双孔，高26厘米，口径14厘米；一件釉陶盂（原报告称作杯），侈口较宽，鼓腹较深，矮圈足，口沿处穿一孔。腹部刻划一个"‖"形符号。高6.4厘米，口径7.2厘米；一件双流陶壶，或称鸡形壶，有两个小圆口，深垂腹，圜平底，素面。通高12.8厘米，小口径2.4厘米；一件陶罐，器小，口残，折肩、深腹、圜底，器表饰小方格纹。残高9.6厘米，口径约8厘米；另有石管饰一件，梯形，体短，长2.5厘米。

上述这些遗物，可视为浮滨文化的器物，它们在香港地区的出现，其原因一是两地交流所得，二是浮滨人携带所致。而从香港马湾东湾仔北与博罗横岭山两座属于浮滨文化的墓葬来看，浮滨人向西移动到达珠江三角洲和珠江口地区已是不争的事实。

浮滨文化与江西吴城文化有密切关系，受商文化影响也是明显的，不仅从大口尊、觯形器、戈类等遗物可寻其迹，牙璋一器也能窥见一斑。揭东仙桥发现的两件石牙璋④，虽没有锯齿形扉棱状牙饰，但与陕西、四川、山东等地的同类器都有相同之处，说明它们大体处于同一时代。珠江三角洲地区（包括香港）所见的牙璋、璋形器，都应是随浮滨文化的西渐而出现。牙璋，作为礼器，或祭祀、或祈年、或治兵、或丧葬，均与礼制有

---

① 广东省文物考古研究所：《博罗横岭山》，北京：科学出版社，2005年，第1~428页。
② 香港大屿山蟹地湾考古发掘资料。
③ 香港古物古迹办事处、中国社会科学院考古研究所：《香港马湾岛东湾仔北史前遗址发掘简报》，《考古》1999年第6期。
④ 曾骐等：《仙桥石璋》，《华学》第二辑，广州：中山大学出版社，1996年。

关，是方国首领用器之体现，由此而推测，在揭阳以至潮汕范围内可能有一个浮滨王国。浮滨人是岭南地区最早踏入文明社会的一族，他们最早使用青铜器和原始瓷器，并有部分逐步西进，由此而在博罗横岭山、增城围山、香港大屿山的蟹地湾、马湾的东湾仔以及珠海亚婆湾、中山翠亨等地留下了他们的遗迹或器皿（图三十四）①。这些遗迹和遗物不仅仅是文化交流的反映，而更重要的是与当地族群融合的显现。

浮滨王国虽然拥有丰富多样的石兵器和先进的铜兵器，但其文化的西渐看来并不是依靠武力，浮滨人最终没有占领珠江三角洲地区使之划进王国的地域。我们不应忽视浮滨文化的釉陶器（原始瓷器）对周时期博罗梅花墩、银岗等窑场②原始瓷器的生产所起的影响（图三十五），正是浮滨文化的西渐带来了施釉的技术使原始瓷器在珠三角地区泛起，并迅速成为原始瓷器的生产大户，缚娄国在这一区域的兴起当与此不无关系。自西周时期起，广东与江浙成为先秦时期两大原始瓷器生产基地，对中国瓷业的发展有着重要的贡献。

浮滨王国衰落与消亡之际，正是珠江流域的夔纹陶文化（大梅沙文化）③东进之时。迄今为止，浮滨文化区内的夔纹陶文化遗存并不丰富，从广东的海丰、普宁到福建的龙海、长泰，虽然都可见到含夔纹陶的遗址，但大都较为分散，既不见大型的夔纹陶文化遗址，也不见密集分布的夔纹陶文化遗址群。我们推测，这是周时期地处博罗一带的缚娄国向浮滨文化区推进的结果，由于距离太远，缚娄国并无足够的力量对原来的浮滨文化区实施管治。及至楚灭越，越国族人多有南奔，华东地区的越文化向西南转移，以米字纹陶为代表的东越文化南渐，进而取代了夔纹陶文化，福建长泰的黎头山遗存、石牛山遗存、广东揭东云路中夏墓群、揭西赤岭埔墓

---

① 邱立诚：《广东先秦考古研究的新进展》，《岭南考古研究》第2辑，广州：岭南美术出版社，2002年。
② 刘成基：《广东博罗园洲梅花墩窑址的发掘》，《考古》1998年第7期；邓宏文、古运泉：《广东博罗银岗遗址第二次发掘》，《文物》2000年第6期。
③ 邱立诚：《论广东地区两周时期的考古文化》，《广东省文物考古研究所建所十周年文集》，广州：岭南美术出版社，2001年。

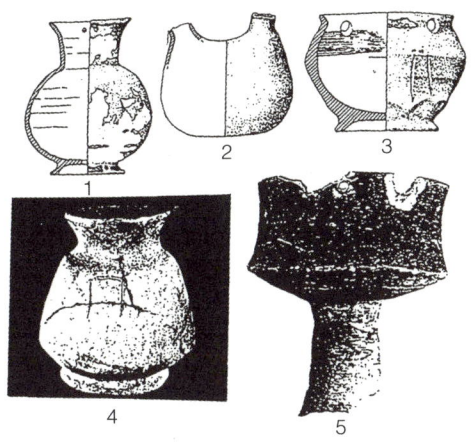

图三十四 珠江三角洲地区的浮滨文化遗物
1~3.香港马湾岛东湾仔北墓葬 4.中山市翠亨 5.香港大屿山蟹地湾

图三十五 广东的原始瓷器折腹豆

群等周时期的考古文化就是在此历史背景下的遗留①。自西周后期至秦以前,原浮滨文化区似乎没有再形成独立的方国,后人只是一般地将此区域归入"七闽之地",其根据就是来自于一度繁荣昌盛的浮滨王国。

揭阳自汉代(南越国)起置县,至东晋咸和元年(326年)以前,均为南海郡所辖。东晋成帝咸和元年从南海郡析出东官郡,揭阳县划属东官郡所辖。咸和六年,揭阳县被废,其地分置为海阳、潮阳、海宁、绥安四县。其中海阳(今潮州)、潮阳在今广东,海宁、绥安(今漳浦)在今福建。汉晋时期的揭阳县,辖地辽阔,其西约在今海陆丰一线,北至大埔、

---

① 郑辉、陈兆善:《九龙江流域先秦文化发展序列的探讨》,《福建历史文化与博物馆学研究》,福州:福建教育出版社,1993年;魏峻:《揭东县面头岭墓地发掘报告》《揭西县赤岭埔遗址调查报告》,《揭阳考古》,北京:科学出版社,2005年。

梅州，东及今漳浦、云霄，地盖粤东与闽南，其地域与浮滨文化分布区大致相同。因此，古揭阳县的辖地基本上就是以商周时期的浮滨文化分布区为基础，浮滨文化与古揭阳的关系也由此而得到合理的解释。

一般来说，语言和文化都与当时的地理区域有密切的关系。但一个考古学文化与一个行政区域以及一个方言区基本（不是完全）重合在一起，这就不能不引起相关学者的高度关注。商周时期的浮滨文化区构成了汉晋时期古揭阳辖区的范围，其后更成为闽南方言流行的主要区域（闽南方言在宋元时期发展到雷州与海南地区不在本文讨论范畴），这种线性发展并形成三位一体的社会历史人文现象是很特殊的，也是少见的。

据语言学家的研究，闽南方言（含潮汕方言）属闽方言的分支。就其来源而言，其中至少包含了古吴语和古越语及中原共同语三种因素，然后在相当长的历史时空中逐渐发展、演进而形成。先秦时期。浮滨文化区属于百越中的"七闽地"，其语音总体上是属于古越语中的闽越一支。但此时属于汉语言系统的闽方言尚未形成。秦汉以来，随着汉文字在原来吴越之地的广泛使用，受中原汉语的影响，属于汉语言系统的闽方言在汉唐期间得以形成。原浮滨文化区的居民虽曾一度为南越国所管治，其地在汉晋时为古揭阳所辖，但语音系统并没有质的改变。在此期间，大量汉族移民进入本区，并与土著民逐渐融为一体，至隋代，始置潮州，由此以潮、泉二州辖区所构成的闽南方言区略具雏形。唐宋时期，闽南方言最终从闽语中分化出来，在吸收中原汉语的一些词语的基础上，仍保留了原来闽方言的许多特点。元代以后至现代，闽南方言已没有大的变化[①]。因此，商周时期的浮滨文化区是现代闽南方言区形成的基石，从文化发展、演变的角度看，远在3000年前的浮滨文化应就是潮汕文化与闽南文化积淀的底层及其渊源。

珠江三角洲西岸的佛山南海区里水北沙鹿眠村白坎建筑工地上发现一件西周铜戈，无胡，援上翘，上下单面有刃，中间棱脊，双肩，直内，后端穿一孔，长25.8厘米，宽5.3厘米（图三十六，1），与江门市新会区象

---

① 练铭志、马建钊、朱洪：《广东民族关系史》，广州：广东人民出版社，2004年，第231~234页；蒋祖缘、方志钦主编：《简明广东史》，广州：广东人民出版社，1987年，第174页。

边山遗址发现的石范较为接近①。这对合范长32厘米，宽11厘米，高12.8厘米，虽残碎，但可拼合，单边为半圆柱体，合则为圆柱体，为无胡戈，援略上扬，棱脊，两侧有刃，前出锐锋，长方形直内，双肩，肩侧中间有凸出的钉粒，应为穿孔之处（图三十六，2、图三十六，3）。南海区博物馆曾采集到一件石戈②，援体扁平，前窄后宽，两侧有刃，前出三角锐锋，双肩有阑，阑后有直内，阑侧内部中间一穿。长27.8厘米，通宽7.8厘米（图三十七）。这件石戈与铜戈也很接近，与粤东"浮滨文化"的石戈完全一致，也应为商晚期至西周中期之器。此外，在南海区大沥出土的一件曲折纹圜凹底陶大口尊，高41厘米，口径33厘米，底径11厘米，腹径28厘米（图三十八）。曲折纹是粤中地区广泛流行于陶罐上的纹饰，不会用于"浮滨文化"的大口尊类。而圜凹底陶器也同样，只在"浮滨文化"中的方格纹陶罐上可以见到。这是一件既有本地圜凹底的陶器风格，又有粤东"浮滨文化"大口尊的陶器风貌，可说是受"浮滨文化"影响的本地陶器。

  本文已将浮滨文化的分布范围做了介述和分析，当我们将视线投向更为远古的时间段，会发现一个有趣的现象，那就是前面在南澳东坑仔遗址和漳州虎林山遗址曾略为提及的、距今为一万年前后的"漳州文化"。漳州文化是一种带有细石器风貌的小石器，主要以燧石为材料，器类有刮削器、尖状器、雕刻器、石钻和石杵，石器长度多在1～2.5厘米，重量在15克以内。为了与传统的细石器和小石器相区别，暂称为微小石器。漳州文化在漳州市北郊台地有密集的分布，地点达100多处，其他地点在福建的平和、东山、诏安和广东的南澳、丰顺也有发现③。令我们关注的是，漳州文化的分布正好坐落在浮滨文化圈的范围内，虽然两者的年代相距甚远，但其间的发展、

---

① 广东省文物考古研究所：《广东出土先秦青铜器》，北京：科学出版社，2020年，第63、175页。
② 梁惠颜主编：《南海区可移动文物普查精品图录》，广州：岭南美术出版社，2017年，第245页。
③ 尤玉柱主编：《漳州史前文化》，福州：福建人民出版社，1991年；曾骐等：《广东省南澳县象山新石器时代遗址》，《考古与文物》1995年第5期；黄迎涛：《南澳与陆岛连桥——试论南澳新石器早期文化系统环境的演变》，《广东文物》1998年第2期；邱立诚、曾骐、文衍源：《广东丰顺县先秦遗存调查》，《考古与文物》1998年第3期。

1

2

3

图三十六 青铜戈与石范
1. 南海里水青铜戈（南海区博物馆藏）
2、3. 新会象边山石范（合范一、合范二）（新会区博物馆藏）

图三十七 南海区博物馆藏石戈（采集）

图三十八　佛山市博物馆藏曲折纹陶大口尊（采集）

演进关系却耐人寻味。

事实上，考古学文化虽然是以物质遗存为主要研究对象，但却是以地缘关系为基础的。在浮滨文化形成之前，粤东区的考古文化以普宁的后山文化为代表，而闽南区的考古文化则以鸟仑尾遗址一期文化（鸟仑尾类型）为代表，两者之间的文化面貌是大异小同。到浮滨文化时期，粤东与闽南之间的文化面貌则是大同小异。浮滨文化横跨粤东与闽南四江流域，年代为商周时期，它与秦汉时期古揭阳的建置当不无关系。可以说，浮滨王国的建立，奠定了古揭阳辖区的基础。

通过对浮滨文化的梳理和讨论，及其与古揭阳、闽南方言区的关系的探讨，可以看到这三者之间所存在的历史渊源关系。从古越到古揭阳，再到后来的潮汕文化、闽南文化，其间的发展和演变进程发人深思。古越人与南迁汉人的融合造就了使用闽南方言的潮汕人和闽南人，使这一区域自唐宋以来走向了新的开拓历程。距今一万年前后，"漳州文化"居民就已从海路到达番禺飘峰山一带；距今三千年前后，"浮滨文化"居民也从海路到达了珠江口地区[①]；距今一千年前后以至近现代，一些潮汕人和闽南人更是漂洋渡海，迁徙海外，为徙居地和祖国做出了不可磨灭的贡献。

---

① 邱立诚：《广东先秦考古研究的新进展》，《岭南考古研究》第2辑，广州：岭南美术出版社，2002年。

第三节

西周后期至春秋时期的大梅沙文化

浮滨文化之后，粤东地区与珠江三角洲地区在考古文化上有了更多的共同点，先是以夔纹陶为代表的考古文化从粤中地区沿东江、北江和西江向整个岭南区传播、发展，在粤东北的五华一线，周代夔纹陶遗存十分丰富。潮汕一带虽然发现不是很多，但分布也是较广泛的。可以认为，粤地的越人于西周春秋之际在文化上已基本使岭南归于一统，可以划属大梅沙文化。

香港历史博物馆藏品中的器物，以汕尾的宝楼和五华的遗存为代表，最具典型的器物为夔纹陶罐，其他有碗、钵、豆、纺轮等；还有少量的铜器匕首、戈、矛、钺、镞；还有石质钺范、铲范、凿范、铃范、锛范等。透过遗存的器物，反映出这一阶段汕尾地区的文化面貌，是以夔纹陶为此时期主要特色陶器纹饰。现就馆藏器物，略作介绍如下。

一、陶　器

广东五华的夔纹陶地点很多，故采集的陶片亦较多。灰硬陶多见夔纹，形态多样，还有勾连雷纹，菱形雷纹，方格凸块纹，席纹及重方格交叉纹，可见夔纹与方格纹组合，席纹(编织纹)与方格纹组合，多属罐类（图三十九，2），不见平底和重菱格凸点纹，方格凸点纹。

碗（标本Y66.14M），五华出土。高25.3厘米。灰褐胎硬陶，口略盘，矮颈，溜肩，腹较深，圜底较缓，器完整。颈下饰篦点纹，腹饰夔纹（双F），F形转角呈弧形，下腹至底饰方格纹。纹样规整。

豆（标本Y66.11M），福建武平出土。高11.6厘米。灰硬陶，大敞口，折浅腹，矮圈足，足端略外撇，素面，此器似属博罗窑场（图三十九，1）。

二、石　器

汕尾宝楼地点发现大量的石范，包括有铃、钺、铲、凿、锛等。

图三十九　原始瓷器与陶器
1.福建武平出土的折腹瓷豆　2.五华东山上岭出土夔纹陶罐
3.福建武平出土的米字纹陶罐　4.福建武平出土的三重方格交叉纹陶瓿

铃范，宝楼出土。半范，舞部较平，上有半圆形环耳，两侧略作梯形，铣部作弧形（图四十，1）。

钺（斧）范［标本M19-02(6)］，宝楼出土。残长8.03厘米。范体上端残，下部为刃端，亦残，经修复，上端背部有凹槽作捆绑用。半范，刃口弧形，背面作弧形（图四十，3）。

铲范［标本M19(1)］，宝楼出土。长11.5厘米。半范，长方体，两端平，背弧起。上部修复。铲束腰，刃部两侧外展，刃缘较平缓。

凿范，宝楼出土。銎口略弧，两侧收腰，刃部微向外展（图四十，2）。

锛范［标本M19-02(7)］，宝楼出土。长9.1厘米。范体长方形，背面经修复，半范，上端范口有榫口。器作长身，腰微收。

三、青铜器

钺（标本A1），长8.4厘米。长方銎，略缺损，下部内束呈亚腰形，刃面两侧向外撇出，圆刃，正锋，双面芯铸。

戈（？），残长8.9厘米。器残，可能与戈的援部一般，锋尖铁头，后端亦缺失，略见微隆，宽援上扬，锋向下延。

矛，残长19厘米。骹部残，叶部较长，从骹部至叶上半部棱起，铸饰双线格纹，叶下部棱脊，两侧出刃，收锋。

凿（标本A97），五华出土。长4.6厘米。器残，长方形，已残缺，长身，平刃，刃缺损。

箭镞（标本A9），残长4厘米。有铤，后端尖，四棱体。后锋不出关，双翼，窄长，棱脊，前端残缺。

广东地区两周时期的考古遗存，按其文化内涵可分成三期。

第一期是平远陶窑与揭阳华美遗存，以圜凹底器、圈足器为最大特点，纹饰多见绳纹、编织纹，也有云雷纹，属西周时期。

第二期以饰夔纹等组合印纹的陶器为最大特点，典型遗存有深圳大梅沙遗址、曲江石峡遗址第四期文化、五华屋背岭遗址、博罗梅花墩窑址、银岗遗址一期、和平龙子山墓、乐昌对面山春秋墓、罗定背夫山墓、南门

图四十　汕尾宝楼遗址出土的石范
1.铃范　2.凿范　3.钺范

峒一号墓、四会鸟蛋山墓、高地园墓等，属东周前期；博罗横岭山墓群的主体年代属本期，但上限可到西周，下限则在战国早期（图四十一，1~图四十一，3）。

第三期则以饰米字纹、重方格交叉纹等单一印纹和刻划组合纹的陶器为最大特征，典型遗存有深圳叠石山遗址、始兴白石坪遗址、增城西瓜岭遗址、博罗银岗遗址二期、广宁铜鼓岗墓群、龙嘴岗墓群、乐昌对面山战国墓、揭东面头岭墓群、封开利羊墩墓群、德庆落雁山墓、肇庆松山墓等，属东周后期。第二、三期文化遗存，目前已在博罗银岗遗址和香港龙鼓上滩遗址找到了地层上的叠压关系（图四十一，4）。

广东先秦时期陶器上的纹饰"夔纹"一词，最早见于1957年发表的《广东宝安新石器时代遗址调查简报》一文[①]，1956年发表的文章曾称之为"夔形纹"和"类似饕餮纹"[②]。对这类陶器的年代，其时已提出"可能相当于中原春秋战国时期"，这是很有见地的。20世纪70年代以来，广东学者将含有夔纹陶器的遗存称为"夔纹陶类型"[③]，对其年代，虽多有分歧，然多数认为主要年代在春秋时期，上限不早于西周，下限不晚于战国早期。香港深湾含夔纹陶的文化层，测年数据为公元前700年[④]，为此说提供了有力支持。"夔纹"是两个"f"（或"F"）下端相对连接而成的一种印纹，20世纪20至40年代已在香港、粤东地区有所发现，外国学者称之为"F纹"或"双F纹"，并将其归属青铜时代。含夔纹陶器的遗存分布很广，但主要集中在珠江三角洲、东江、北江与西江地区，迤及桂东北，湘南与赣南也有，但潮汕、雷州地区较为少见，海南则不见。

初步推断，夔纹陶器是由岭南越人仿照中原青铜器上的夔龙纹、窃曲

[①] 莫稚：《广东宝安新石器时代遗址调查简报》，《考古通讯》1957年第6期。
[②] 莫稚：《广东清远潖江河支流新石器时代遗址调查发掘简报》，《文物参考资料》1956年第11期；凡明：《广东省文管会发现新石器时代遗址八处并在清理古墓葬中获得完整古瓷器一批》，《文物参考数据》1956年第4期。
[③] 广东省博物馆：《广东考古结硕果，岭南历史开新篇》，《文物考古工作三十年（1949－1979）》，北京：文物出版社，1979年，第325~338页。
[④] 秦威廉编：《南丫岛深湾——考古遗址调查报告》，香港考古学会专刊第三本，1978年。

纹或是陶器上的相类纹饰而创造的一种陶器纹样，中心区可能在粤中地区，并迅即沿东江、北江与西江流域发展、传播。起源的时间，则可能在商周之际，因为在江苏南京北阴阳营商代遗存与陕西扶风西周遗址的陶器上可以看到与夔纹相近的纹样[①]。然而，夔纹陶发现虽早，分布也广，但经发掘的典型遗址却为数甚少。

香港南丫岛大湾、深湾、大屿山石壁都有夔纹陶遗存，可惜受发掘规模限制，整体面貌与器物组合形态未能清楚。曲江石峡遗址第四期文化经大规模发掘，地层关系清楚，遗物丰富[②]。在同类遗存中，深圳大梅沙遗存[③]是最有代表性的一处，发现于1982年，1992年发掘1189平方米，其中Ⅱ区属夔纹陶时期遗存，清理墓葬8座，出土大量陶器和少量青铜器、石器。鉴于其文化内涵丰富，器物组合清楚，根据考古学文化的命名原则，可将"夔纹陶类型"文化遗存命名为"大梅沙文化"。大梅沙文化的陶器以侈口、宽沿、垂腹、圜底（晚期向圜平底、平底发展演变）瓮（或罐）与敞口、折腹豆为主要特征；有少量釉陶器或原始瓷器，陶器纹饰多为组合纹，一般以夔纹、云雷纹、方格纹、篦点纹、弦纹等搭配装饰，有的用两组或三组纹样，但下腹主要是方格纹。云雷纹的形态最为多样，形成回字、方格凸块（或凸点）、卷云、重圈等，晚期出现勾连云雷纹。就夔纹来说，主要有两种，一种是"f"呈圆角形，另一种是"F"呈直角形。两者之间是否有早晚或演变关系，至今我们仍然未弄清楚。此外，分布于各流域的夔纹陶遗存（图四十二），其地方特点（地方类型）也有待做更深入的研究。

2000年配合广惠高速公路建设，在博罗横岭山发掘了一批先秦时期墓葬，共有306座，其中少数属商时期，一座属浮滨文化墓，三座划属西瓜岭

[①] 南京博物院：《北阴阳营——新石器时代及商周遗址发掘报告》，北京：文物出版社，1993年，第149页；另：本项目人员之一邱立诚先生在陕西周原遗址博物馆所见。
[②] 广东省文物考古研究所、广东省博物馆、广东省韶关市曲江区博物馆：《石峡遗址——1973～1978年考古报告》，北京：文物出版社，2014年，第1～607页。
[③] 邱立诚：《广东深圳大梅沙发现青铜兵器》，《考古与文物》1987年第5期；深圳市博物馆：《广东深圳大梅沙遗址发掘简报》，《文物》1993年第11期。

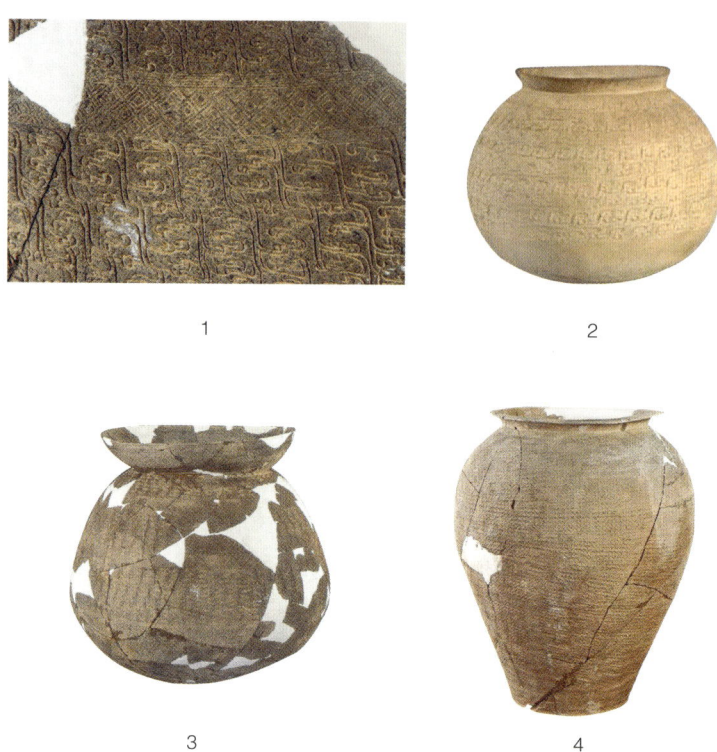

图四十一　青铜时代的陶器
1. 夔纹与凸块纹组合陶片　2. 夔纹陶罐
3. 夔纹、方格纹组合陶瓮　4. 米字纹陶瓮（博罗横岭山）

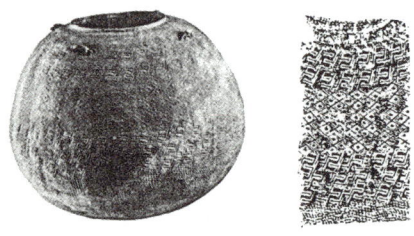

图四十二　西江流域封开牛围山夔纹陶瓿

文化（"米"字纹陶类型），其余者均属于大梅沙文化（以夔纹陶为特征的遗存）。从分布情况看，墓葬均横置于山岗上，墓坑略大者多在山腰以上，墓坑较小者多早山腰以下。墓葬形制为狭长方形土坑，长、宽之比为3：1～5：1，墓坑中常见有二层台，有四面、三面、二面及一面设二层台等多种形式；少数在墓底设腰坑或两端设壁龛。二层台的设置或许与浮滨文化墓有某种关系，而墓底设腰坑则是西江、北江流域周代墓葬中流行的葬俗，它们之间也应有传承关系。但这种腰坑是象征性的，坑穴中多数较浅，没有陶器或其他实物，并没有实际意义。二百多座属于大梅沙文化的墓葬中，排列基本有序，方向以南北向为主，只有三组互有打破，由此而分析该墓地是有序管理的，并按一定的社会身份来安排埋葬死者的墓穴位置。随葬器物以陶器、原始瓷器和青铜器为主体，其他有玉器、水晶器、砺石等。陶器纹样以夔纹、云雷纹、菱格凸块纹、方格纹等多种纹样组合为特色，部分陶器也有施釉；原始瓷器则主要是豆类，釉多呈黄绿色，易脱落；青铜器中斧、矛、镞的数量较多，看来是比较常用的器具，甬钟、鼎、戈、剑数量不多，是社会地位较高者才拥有。据初步研究，青铜器的年代最早者可在西周中晚期，如凤鸟纹甬钟、圆涡与夔龙组合纹鼎、夔纹与卷云纹戈等，其特点既与外省区同类器相近，但也有本身的特色，当为本地制品。以器物类型的演变序列并结合墓葬的打破关系，可分出多个期和段，由此，这批墓葬的年代上限可定在西周中期，下限约在春秋时期。横岭山这批墓葬的发现，为确认大梅沙文化（以夔纹陶器为特征的文化遗存）的年代最早可到西周时期提供了科学依据，也为认识广东地区的西周时期考古文化提供了一把钥匙[①]。

以夔纹陶器为主要特点的岭南周时期考古文化命名为大梅沙文化[②]，这类文化遗存代表着以夔纹陶器（图四十三；图四十四，1～图四十四，6）为标志性器物的岭南土著越人集团，其势力范围以珠江三角洲地区为

[①] 广东省文物考古研究所：《博罗横岭山》，北京：科学出版社，2005年，第1～428页。
[②] 邱立诚：《论广东地区两周时期的考古文化》，《广东省文物考古研究所建所十周年文集》，广州：岭南美术出版社，2001年。

图四十三　汕尾出土的青铜时代陶片
1. 方格与席纹组合　2. 回形纹　3. 夔纹　4. 方格与夔纹组合

图四十四　青铜时代陶器纹饰拓片

核心，并沿西江、北江和东江发展延伸。在粤东莲花山以北的五华，可以看到有许多含夔纹陶器的遗址，但在莲花山以东的韩、梅流域地区，夔纹陶遗址并不发育，说明以夔纹陶为标志性器物的珠三角越人集团在这里的影响力较弱。以考古学文化来观察，大梅沙文化代表了西周春秋时期的土著文化，这是以陶器上压印夔纹为标志的，主要特征是使用夔纹、云雷纹、方格凸块纹、方格纹等多种印纹来组合装饰陶器；其器形特点是大量使用垂腹、圜底的瓮、罐；开始生产原始瓷器。

除了夔纹陶器外，汕尾宝楼发现大量的石质钺范、铲范、凿范、铃范、锛范。对于研究广东地区青铜器铸造问题，提供了一些重要的佐证。对粤港地区青铜文化的确认起了重要作用的是发现一批铸铜石范[①]。

---

① 邱立诚：《对粤港地区青铜文化几个问题的探讨》，《广东省博物馆集刊（1999）》，广州：广东人民出版社，1999年，第15～31页。

早在20世纪30至40年代，香港与粤东地区都曾发现了铸铜石范，如香港大屿山石壁东湾出土一对斧的合范，汕尾东涌宝楼山出一件斧范。据初步统计，迄今为止，粤港地区共有20个地点发现这类铸铜石范，其中香港9处（南丫岛大湾、沙埔、榕树湾，大屿山东湾、石壁沙岗背、沙螺湾、大浪湾，马湾东湾仔，赤立角过路湾）；珠海5处（淇澳岛亚婆湾、南芒湾，东澳岛南沙湾、南屏白沙坑、平沙棠下环）；斗门1处（乾务曾船埔）；中山1处（南蓢龙穴）；惠阳1处（潼湖蚬壳角）；揭西1处（河婆）；汕尾1处（宝楼山）；乐昌1处（老虎头）。这些石范，除惠阳、揭西所出者年代未能判断外，其余者大致可判定在商周时期。从形制上看，这些铸范有斧、钺、铲、凿、钩、铃、发簪等。而从年代分析，平沙棠下环、乾务曾船埔、南蓢龙穴三处所出的凿范可能较早，理由有二：一是平沙棠下环的凿范出自商时期文化层，二是凿范形制与山西夏县东下冯遗址[①]第Ⅳ期的石凿范基本相同，东下冯遗址的石凿范年代为夏末商初。淇澳岛亚婆湾、东澳岛南沙湾、南丫岛大湾、沙埔、赤立角过路湾、大屿山大浪湾等处所出的斧、钺范，年代可能不会晚于西周，因为其形制与揭阳地都华美出土的一件铜斧（钺）[②]的形制相近，在遗址中也有相当于商至西周的文化层。其他地点的石范，年代大体上为东周时期，其形制特点与同时期的同类器没有多大的区别。这些铸范均为石范（图四十五、图四十六），不见陶范，与江西吴城遗址的情况更为接近。我们认为粤港地区起始的铸铜技术是受江西地区商时期文化的影响。基于上述情况，我们有理由相信，广东地区自商时期起有了本土的青铜文化。

岭南区冶铜业的缓慢发展妨碍了这一区域青铜器使用的进程，因此，浮滨人使用的兵器更多的是石器，铜器则数量很少。揭阳东山区北部的山东围出土一件铸铜石范，为凿的半范，细砂岩，背部弧形，上端缺损，下端残损。残长7.5厘米，宽4.8厘米，厚3厘米（图四十七，1）。从形态上

[①] 中国社会科学院考古研究所、中国历史博物馆、山西省考古研究所：《夏县东下冯》，北京：文物出版社，1988年，第120页。
[②] 邱立诚、吴道跃：《广东揭阳华美沙丘遗址调查》，《考古》1985年第8期。

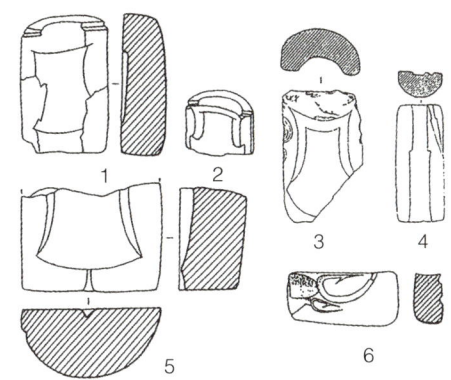

图四十五　青铜时代石范

1、2. 斧范、钺范（珠海淇澳岛亚婆湾采：25、1）　3、4. 钺范、凿范（中山南蓢龙穴）
5. 斧范（珠海东澳岛南沙湾采：2）　6. 钩范（乐昌老虎头山）

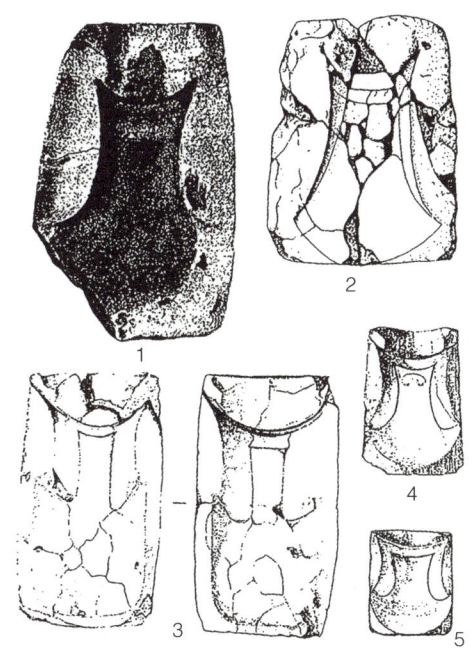

图四十六　香港的石范

1. 钺范（榕树湾）　2. 斧范（东湾仔）　3. 铲范（过路湾）　4、5. 钺范（过路湾）

第二章　青铜器时代

图四十七　揭阳石范
1.榕城东山山东围　2.揭东地都油甘山

观察，此器与珠海平沙棠下环遗址商时期的凿范最为相似，凿体窄长，上窄下略宽，平刃。不同的是，前者自上而下斜出渐宽；后者中部微束收，至下部外撇①。同类器还可见于斗门曾船埔和中山南萌龙穴②。这几件器物的年代应较为接近。山东围附近的军营后、紫光岩、龙石村均有浮滨文化遗存或周代遗址，推测山东围这件石范也有可能属于浮滨文化遗存。揭东地都油甘山也发现一件石范，为钺范，砂岩质，略风化，左面及下面大部已缺损，可见器形为弧背，有十字凹槽供捆绑，上部有浇铸口。钺体仅存柄端的一部分。残长7厘米，宽7厘米，厚3.2厘米（图四十七，2）。油甘山是浮滨文化时期的墓地，也有周代夔纹陶器。这件石范，从形态上看，应为周代遗物。周代是青铜器在岭南进入发展期并在战国时达到繁盛的阶段，揭阳区域也不例外。在惠来，瓮棺中也置有铜剑、铜矛，死者无疑属有一定身份且经常持矛佩剑的人士。

汕尾宝楼遗址还发现一件人面纹青铜匕首，其形制是，有柄，柄部穿一孔，微出双肩，中脊棱起，上部一个人面，双眼圆凸，一对鼻孔，脸形

---

① 古运泉、邓宏文：《珠海平沙棠下环遗址发掘简报》，《文物》1998年第7期。
② 邱立诚：《对粤港地区青铜文化几个问题的探讨》，《广东省博物馆集刊（1999）》，广州：广东人民出版社，1999年。

图四十八　汕尾宝楼遗址出土的人头像匕首

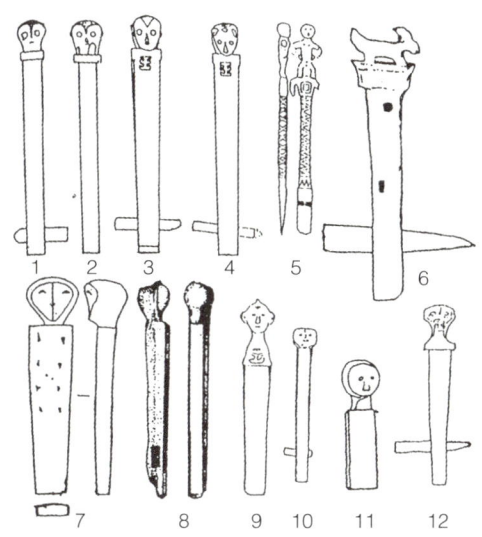

图四十九　两广地区的青铜器

1~4、7~12. 人首柱形器　5. 人柄凿形匕首　6. 兽首柱形器
（1~4. 罗定背夫山；5. 清远马头岗M2；6. 广西恭城秧家；7. 四会高地园M1；
8. 怀集栏马山；9. 清远马头岗M1；10. 罗定南门垌M1；11. 广西象州下那槽；12. 四会鸟旦山墓）

上宽下窄，形似猴脸。下缓收锋，锋已断。长16厘米（图四十八）。邱立诚曾对西江流域地区的人首柱形铜器（图四十九）进行研究，发现这类人首与汕尾的人面纹颇为相近，均头大下颊小，尤以四会高地园M1所出更为近似。这些人首柱形器可分A、B两型，四会高地园M1为Bb型，共存铜器鉴、鼎、斧、削；陶器匏壶、瓿、鼎、碗、钵等，陶器纹饰有方格纹、米字纹、篦点纹。人首柱形器的年代为东周时期，即春秋战国，这与汕尾铜器的年代相吻合。

就人首柱形器而言，主要分布在西江流域（图五十）、北江下游及广西中部、东部，最东者为广东清远，最西者为广西象州。其族属主要为西瓯和骆越[1]。

在香港历史博物馆的藏品中，还有大量麦兆良神甫收藏的青铜器，由于没有清楚注明其出土地点，我们尚未有论述，待日后进行相关深入对比研究时，才再作讨论。

图五十　西江流域的人首柱形器

---

[1] 邱立诚：《对粤港地区青铜文化几个问题的探讨》，《广东省博物馆集刊（1999）》，广州：广东人民出版社，1999年。

第四节

战国时期至秦汉初的西瓜岭文化

在香港历史博物馆的麦兆良藏品器物中,以福建武平的遗存为代表,其中典型的器物为"米"字纹陶器如瓮、罐、瓿、碗、豆等;其他有少量的铜剑、刮刀、斧和铁锛,划属西瓜岭文化。此时期的器物主要根据米字纹陶器作分期的标准,

相关的馆藏文物如下。

一、陶　器

罐(标本Y66.18M),武平出土。高12.5厘米。灰硬陶,口微敞,尖唇,矮颈,圆肩,缓收深腹,平底,腹饰米字纹,近底部素面(图三十九,3)。

罐(标本Y66.20M),武平出土。高13.4厘米。灰硬陶,敛口,圆唇,无颈,圆肩,深腹,平底。腹部饰复线方格交叉纹,共有七周,近底部素面。

瓿(标本Y66.17),武平出土。高9.5厘米。灰陶,火候高,矮颈,圆肩,弧收深腹,平底。饰"米"字纹。

瓿(标本Y66.22),武平出土。高9.5厘米。灰陶,火候高,无颈,方折唇,斜肩,弧收深腹,平底,饰三重方格交叉纹(图三十九,4)。

二、铜　器

刮刀（标本A6），残长4.5厘米。体长而窄，锋缺损，后端残，单面棱脊。

三、铁　器

铁镞（标本A4），残长6.5厘米。锈蚀，柳叶形，前出尖锋，已残，后有短，略缺损。背面平缓，正面略隆起，正面及右侧缺损。

考古研究表明，东周时期广东各地流行陶器上的"米"字纹，是从华东地区传播而来[①]。其历史背景则是公元前355年，楚灭越，"越以此散，诸族子争立，或为王，或为君，滨于江南海上，服朝于楚"。"米"字纹就是在这种情况下为广东各地越人所接受，并进而向广西、海南传播。

含米字纹陶器的遗存也被称为"'米'字纹陶类型"。这类遗存在广东的分布范围较之大梅沙文化要更广一些，而且在海南也有发现，虽然年代可能更晚。但"米"字纹陶器（图四十四，7～图四十四，10）并不是广东特有的，它是从华东地区传播而来。西周晚期至春秋前期，华东太湖地区已出现印有"米"字纹、重方格（重回字）交叉纹的陶器。在赣闽地区，"米"字纹陶器的出现年代已为春秋晚期至战国早期。它们更多地与云雷纹系列的纹样一起出现，并常常和其他纹样组成复合纹饰[②]。因此，岭南地区的"米"字纹陶器，年代大概不会早于战国早期。实际上，陶器上的重方格（重"回"字形）交叉纹要早于"米"字纹，因为在宁镇地区西周早中期已可见重方格（重"回"字）交叉纹的陶器，"米"字纹是从重方格（重"回"字）交叉纹简化而来的。在岭南地区，"米"字纹后来又进一步简化，米字中间再减去一竖，故称为简化"米"字纹。

[①] 邱立诚：《广东先秦考古研究的新进展》，《岭南考古研究》第2辑，广州：岭南美术出版社，2002年，第151～168页。
[②] 彭适凡：《中国南方古代印纹陶》，北京：文物出版社，1987年。

东周后期，楚于公元前355年灭越国，以"米"字纹陶器为标志性器物的文化（西瓜岭文化[①]）从华东地区逐步影响粤东地区以及岭南其他地区，自此，"米"字纹陶器也逐步取代了夔纹陶器进而成为岭南区越人的标志性器物，这充分体现了百越地区考古文化的趋同性，并由此而奠定了南越国势力范围的基础。揭东云路中夏周时期墓地正是这一历史发展进程中的遗留。揭东中夏墓葬出土的原始瓷瓿，也应是从华东地区传播而来[②]，这种器物在珠江三角洲地区的东莞也有发现[③]，是这一文化传播纽带的物证。

岭南地区最为典型的"米"字纹陶类型遗存是增城西瓜岭遗址、始兴白石坪遗址，两处均有窑址[④]；其他还有封开利羊墩墓群、揭阳中夏面头岭墓群及广西银山岭墓群，"米"字纹是其陶器上的主要纹饰之一。但只是在西瓜岭遗址与白石坪遗址两地的陶器上，我们还可以看到"米"字纹（或重方格交叉纹）与方格纹组合的形态，保留着"米"字纹从赣闽区入传时的原始型。考虑到西瓜岭遗址发现于1958年（1962年发掘），白石坪遗址发现于1961年（1962年发掘），西瓜岭遗址的发掘面积较白石坪遗址要大得多，文化内涵亦丰富一些，可将岭南地区的"米"字纹陶类型遗存命名为"西瓜岭文化"，这个名称应更符合考古学文化的命名原则。西瓜岭文化的陶器以瓮、罐、瓿、碗为基本组合，瓮罐类的形制是侈口、宽肩、深长腹、平底，主要饰"米"字纹、重方格交叉纹、方格纹等印纹，也有少量云雷纹；瓿类为短颈、宽肩、平底，肩上多有双耳，主要以刻划的弦纹与水波、箆点为组合纹饰。

当然，我们也注意到广州西汉前期（南越国时期）墓葬中仍可见

---

① 邱立诚：《论广东地区两周时期的考古文化》，《广东省文物考古研究所建所十周年文集》，广州：岭南美术出版社，2001年。
② 上海市文物保管委员会：《上海市金山县戚家墩遗址发掘简报》，《考古》1973年第1期；淮阳市博物馆：《淮阳高庄战国墓》，《考古学报》1988年第2期。
③ 邱立诚：《从考古资料看先秦时期的东莞》，《东莞历史文化论集》，广州：广东人民出版社，2008年，第13～17页。
④ 莫稚等：《广东增城、始兴的战国遗址》，《考古》1964年第3期；莫稚：《广东始兴白石坪山战国遗址》，《考古》1963年第4期。

"米"字纹陶器①，这是"米"字纹陶器的年代下限，对于这类陶器形制上的变化还需进行器物分期的研究；此外，广州中山四路南越国宫苑遗址最早的文化层中也发现有重方格交叉纹陶片②，对这种现象的解释：一是混进了早期遗物，二是先秦文化的孑遗。

石峡遗址中文化层及肇庆茅岗遗址陶器上的"米"字纹③，它是在印制复线方格纹过程中由于重合而形成的一种局部现象，与我们通常所说的"米"字纹陶是完全不同的，绝不能把两种不同年代、不同风格、不同形态的陶器纹样混为一谈。而因这类似是而非的"米"字纹使一些学者在研究岭南地区"米"字纹陶器与夔纹陶器关系时误入歧途④，这实在是令人遗憾的事情。

关于"米"字纹陶遗存与夔纹陶遗存的关系问题，现时已有了更多的资料可供讨论。1987年发掘的深圳市叠石山遗址，发现夔纹陶器与"米"字纹陶器共存，并见青铜器和铁器。仔细分析遗址的文化内涵，多数具有大梅沙文化陶器的特征，如夔纹、各种云雷纹、方格纹所搭配组成的组合纹；器形有瓮、罐、豆、簋、壶等。少数为西瓜岭文化的陶器风格，如"米"字纹、水波纹等，器形有瓿、钵、盒、罐等。由于没有发现两类陶器在地层的叠压关系，故发掘者认为夔纹陶器与"米"字纹陶器是同时期的。1990年发掘的香港龙鼓滩遗址，在第8层发现"米"字纹陶遗存叠压于夔纹陶遗存之上⑤，由此，"米"字纹陶遗存晚于夔纹陶遗存的地层关

---

① 广州市文物管理委员会、广州市博物馆、中国社会科学院考古研究所：《广州汉墓》，北京：文物出版社，1981年；广州市文物管理委员会、中国社会科学院考古研究所、广东省博物馆：《西汉南越王墓》，北京：文物出版社，1991年。
② 广州市文物管理处、中山大学考古专业75届工农兵学员：《广州秦汉造船工场遗址试掘》，《文物》1977年第4期。
③ 何纪生：《略论广东东周时期的青铜文化及其与几何印纹陶的关系》，《文物集刊》第3集，1981年；广东省博物馆：《广东高要县茅岗水上木构建筑遗址》，《文物》1983年第12期。
④ 李龙章：《湖南两广青铜时代越墓研究》，《考古学报》1995年第3期。
⑤ 秦威廉：《Report on salvage excavations at Lung Kwu shung Ton》，香港考古学会会刊第13期，1993年；商志香覃等：《香港考古学发展史简论（下）》，《考古与文物》1997年第3期。

系初露端倪。1996年～1999年进行发掘的博罗县银岗遗址[①]，以明确的地层叠压关系和丰富的文化内涵确立了夔纹陶遗存（一期文化）早于"米"字纹陶遗存（二期文化）。银岗遗址一期文化的陶器主要是夔纹罐、折腹豆、带耳杯、平底钵，并见动物陶塑；纹饰主要是以夔纹、云雷纹、勾连云雷纹、方格纹为主体的各种组合纹样。银岗遗址二期文化的陶器主要是"米"字纹罐、方格纹釜、平底或三足的盒、平底的碗、杯、平凹底钵、鼎、瓿，也有动物陶塑；纹饰主要是单一的印纹，如"米"字纹、重方格交叉纹、方格凸块或凸点纹、方格纹等，组合纹是刻划的水波、弦纹、篦点纹；也有少量勾连云雷纹、夔纹陶片，是属于一期文化的遗物抑或是延续至二期文化的遗物，尚未能作出判断。从文化发展的规律思考，夔纹陶与"米"字纹陶两者之间有交错现象是正常的，或许可以认为，叠石山遗址是大梅沙文化（夔纹陶遗存）的末期，其时"米"字纹陶开始出现；银岗遗址二期文化是西瓜岭文化（"米"字纹陶遗存）的早期，但夔纹陶尚未绝迹。是否如此，仍有待考古资料的验证。西瓜岭文化代表了战国时期的土著文化，其陶器上的纹饰特点是受来自于华东地区的影响而产生的，这就是"米"字纹、重方格交叉纹，主要特征是基本使用单一的印纹；方格纹以整齐、规整、细密等多种形态表现着时代的风格；其主要器形是宽肩、平底的瓮、罐；与此同时，刻划的弦纹、水波纹、篦点纹以组合形态大量地装饰于瓿、盒、钵一类器物；这些陶器的形制、纹饰风格影响并部分延续至西汉前期，才逐渐式微并为汉式陶器所取代，这个过程实际上也就是当地越人逐渐汉化、当地越文化与汉文化相互融合的进程。

　　浮滨文化之后，粤东地区与珠江三角洲地区在考古文化上有了更多的共同点，先是以夔纹陶为代表的考古文化从粤中地区沿东江、北江和西江向整个岭南区传播、发展，在粤东北的五华一线，周代夔纹陶遗存十分丰富。潮汕一带虽然发现不是很多，但分布也是较广泛的。可以认为，粤中的越人于西周春秋之际在文化上已基本使岭南归于一统。粤东也是如此，古籍谓潮汕地"春秋时属七闽"，但在考古文化上却未能体现。至战

[①] 广东省文物考古研究所：《广东博罗县银岗遗址发掘简报》，《文物》1998年第7期。

国时期，"米"字纹陶器从华东向南影响，经江西到达湖南、广东，直至广西、海南，这是越文化中分布最为广泛的一个特点，虽然这是以越国被灭亡为代价的，但"米"字纹陶器却从此时使岭南进入了一个新时期，并形成了一个相当稳定的文化圈，其影响甚至到了南越国时期[①]。粤东地区在这一阶段也不例外，揭东云路中夏的战国墓地以"米"字纹陶器为最大特点，正是岭南越人走向统一的表现，从而为南越国的建立奠定了坚实的基础。

揭西的赤岭埔是一处墓地，出土的青铜器有斧、钺、剑、矛[②]，应为墓葬之遗物，判断死者是常常参与战事的人员。这类墓葬也见于揭东仙桥平林狗屎埔山和埔田茂林山。而在揭东云路中夏面头岭，青铜器不仅有兵器，还有鼎、盘一类容器，应是死者有较高身份的标志，更多的可能是当地的上层贵族[③]。惠来华湖新厝村出土一件周代甬钟，证明当地的贵族也过着"钟鸣鼎食"的生活。礼制、武装、等级的存在，都是文明时期国家政治的基础。虽然在粤东区域尚未找到先秦时期的古城，但方国的存在似乎应是不容置疑的事实。文明的标志之一是国家的产生，而国家是民族内部或外部矛盾不可调和的产物。商周时期粤东区域墓葬中多见兵器，不是民众"尚武"，而是社会矛盾发展到使用武力来解决的反映，国家的出现在此时已是不可避免。

自形成族属以来，岭南即成为百越族群的聚居地。但百越之"百"并非实数，而是百越之地，"各有种姓"的泛称。因之，广东之越人也应有多种，我们从各地考古文化的异同亦可窥其一斑。两周时期，广东地区的青铜文化有了很大的发展，并在东周后期达到兴盛阶段。从青铜文化的发达程度观察，其时广东地区的越人已建立了一些土邦小国，据初步考证，在珠江三角洲的水网地区有"驩兜国"，在粤中地区今博罗一带有"缚娄国"，在粤北阳山、英德一带有"阳禺国"，在雷州半岛及海南岛有"儋

[①] 邱立诚：《广东先秦考古研究的新进展》，《岭南考古研究》第2辑，广州：岭南美术出版社，2002年；司徒尚纪：《广东政区体系》，广州：中山大学出版社，1998年。
[②] 邱立诚、曾骐：《广东揭西县先秦遗存的调查》，《考古》1999年第7期。
[③] 邱立诚、刘建安、陈瑞和，等：《广东揭阳县战国墓》，《考古》1992年第3期。

耳国""雕题国",在肇庆以西有"西瓯国",在粤西南地区有"骆越国",在粤西部分地区有"伯虑国",在今封开一带有"苍梧国";而粤东韩江流域地区,春秋时属"七闽地",战国时期则各地越人杂居于此。又据《逸周书·王会解》载:还有"邓、桂国、损子、产里、百仆、九菌"等一些小方国①,其方位均在两广地区。这些土邦小国,其中多数国家形态可能还没有发育得很充分,故有"缚娄、阳禺、驩兜之国,多无君"之说②,所谓"无君",大概是指没有岭北中原各国那种十分严格的"君臣制度"。而据秦时西瓯有君名"译吁宋",有将名"桀俊"以及汉初"瓯骆裸国亦称王"③的情况看,先秦时期的西瓯国与骆越国之国家形态发育应较为完备。博罗横岭山墓地密集分布两周时期墓葬260多座,排列有序,没有打破关系,说明是有专人管理的墓地,山腰以下者墓穴较小,山腰以上者墓穴较大,是当时存在等级制度的表现。由此,我们认为,广东地区属于两周时期的青铜文化,正是这些方国社会形态的反映。

诚然,这些方国还没有中原地区那种"礼制",没有严格意义上的"用鼎"制度,但是,"钟鸣鼎食"仍然是这些方国上层贵族所追求的,因为铜鼎毕竟是一种较贵重的炊具,而铜钟则更是具有较高身份和社会地位的显示。出土情况表明,大、中型墓均随葬有铜鼎④,如肇庆松山墓有5鼎,罗定南门垌1号墓与四会鸟蛋山墓各有3鼎,罗定背夫山墓、四会高地园1号墓、清远马头岗1号墓、揭阳面头岭1号墓,各有2鼎,而小型墓即使随葬铜鼎也仅有1件,可见铜鼎与墓主人的身份是密切相关的。随葬有铜编钟的墓数量更少,仅见于大、中型墓,如肇庆松山墓、博罗横岭山182号墓、罗定南门垌1号墓、清远马头岗1、2号墓等。

再者,铜人首柱形器也应是上层贵族显示身份的一种标志物,亦仅见于大、中型墓,如肇庆松山墓、罗定南门垌1号墓、背夫山墓、清远马头岗

---

① (先秦)佚名:《逸周书·王会解》,上海:上海古籍出版社,2007年。
② (战国)吕不韦:《吕氏春秋·恃君览》,天津:百花文艺出版社,2015年。
③ (西汉)司马迁:《史记·南越列传》,北京:中华书局,1982年,第2970页。
④ 邱立诚:《论广东地区两周时期的考古文化》,《广东省文物考古研究所建所十周年文集》,广州:岭南美术出版社,2001年。

1号墓、四会鸟蛋山墓、高地园1号墓、怀集拦马山墓等。还有出土于博罗公庄散屋村与兴宁新墟鬼树窝的两组编钟，亦应是用于祭祀或举行某种仪式后入埋的，属于方国上层人物所使用的器皿。可以说，这些方国存在一定的等级观念和制度，即便是埋葬，也有一定的仪式与规格，看来这部分方国已越过了军事酋长制时期，出现了君或王、将一类方国上层统治者。

大量青铜兵器的出现，是这时期考古文化最为突出的特点之一，它标志着武装力量的存在，也显示了方国之间存在着战争。这种现象与其说是"越人好相攻击"，不如说是掠夺土地资源、财富的需要。在上述的两周时期的考古遗存中，出土的青铜器中兵器占有相当数量，尤其是大、中型墓葬，随葬器物中有许多青铜武器，如剑、矛、戈、钺、镞等，罗定南门垌1号墓随葬铜钺达43件，镞有53件；背夫山墓也随葬铜镞52件，说明兵器多掌握在上层统治者手里。此外，在广宁铜鼓岗墓群、龙嘴岗墓群、封开利羊墩墓群、深圳大梅沙墓群、乐昌对面山墓群、揭阳面头岭墓群、博罗横岭山墓群等地发现许多墓葬都随葬有铜兵器和工具，这些墓主人应是平时劳作、战时则持矛执弓参加战斗的战士，正是他们组成了各个方国的武装力量。广宁龙嘴岗5号墓随葬一件楚式双钮铜矛；揭阳面头岭15号墓随葬一件铸有"王"字形符号的铜矛，这两件武器并不是当地的制品，前者是从岭北、后者是从西江地区输入的，我们相信很可能是通过战争得来的东西，而不是正常贸易、交换的商品。在一些短剑、匕首、人首柱形器上所见到的人面纹、人首或人体塑像，看来也是"猎首"的写照。透过那些渗透着鲜血的兵器所暗示的历史背景，我们仿佛看到了一幕幕闪烁着刀光剑影的战争场面。

两周时期广东各地的考古文化呈现出大体相同的特点，显示其社会物质生产也大致处于相近的水平，如西周时期的陶器仍以侈口、凹底罐和圜底碗为主体，纹饰以方格纹、云雷纹为主要特征；东周时期青铜器数量大增，流行单钮矛、扇形钺，多见刮刀、环首削和平底陶碗；前期陶器以宽沿、垂腹、圜底或平底的罐、瓮和折腹豆为主体，纹饰以夔纹、云雷纹、方格纹等多种印纹组合为主要特征；后期以宽圆肩、平底的罐、瓮、瓿为主体，纹饰以单一的"米"字纹系列印纹和篦点、水波、弦纹等刻划组合纹为主要特征；它们构成了广东地区这时期考古文化遗存的共同面貌。再者，各墓地的埋葬方式较为接近，似乎是仍以血缘家族关系为纽带的表现，如深圳大梅沙遗址的10座墓，其中9座墓的墓向是基本相同的，呈西南—东北分两行排列；广宁龙嘴岗的15座墓，排列形式也是呈西南—东北向，墓向是朝山下（西南），可分成几组，其中有的属小孩墓；铜鼓岗墓群多为接近南北向；封开利羊墩墓群，多数接近东西向；博罗横岭山墓群，均在山坡横向排列；这种有一定排列规律的埋葬方式说明墓主人之间存在着密切的社会关系，但他们并非仅仅是战士，因为墓地中有小孩，甚至也有妇女（有的墓随葬纺轮），显然是家族式的墓地，因此，这些墓群看来还未摆脱族群观念。但各地也有一些差异点，在葬制上，西江与北江地区的东周时期墓穴底部常见有方形或圆形的腰坑，这在粤东、粤西南及珠江三角洲地区的东周墓尚未见到，广州地区墓穴中出现腰坑已是西汉南越国时期。铜人首柱形器目前也只见于西江地区与北江下游地区。铜器上铸饰"王"字形符号，也多见于西江与北江地区，其他地区及外省区只是个别现象。陶器或原始瓷器的喇叭形折腹豆，主要见于东江下游及珠江三角洲地区，其余地区少见。这些差别反映了各方国或各地越人之间有着不尽相同的社会形态与生活习俗。

  文明是一种社会形态，是人类社会发展到一定阶段的产物，这个阶段就是社会上层贵族组建的方国出现的时候。受中原地区夏、商王朝的影响，岭南地区也在商时期起先后涌现出许多小方国。当商王朝向周边地区扩张的时候，这些小方国则为自己的生存而努力，它们伴随着岭南文明的出现而诞生，也随着文明的发展而逐步消亡，这是历史发展进程的一部分，也是人类社会文明史的组成部分。从鄱阳湖到珠江三角洲地区，岭南文明史也融进了南中国的文化洪流中，纳入中国多元一体的文化产生历史时期，这是几千年的发展进程，也由此奠定了珠江三角洲地区与东南亚地区的文化关系。演变与发展，这是学术发展的必然。

第三章

汉代

第一节
澄海龟山建筑遗址

此时期的标本主要出自澄海龟山汉代建筑遗址。典型的器物为绳纹板瓦、筒瓦和带戳印的方格纹陶器罐类。汉以后的器物有宋代各式莲瓣纹瓦当。

麦兆良神甫于海丰调查期间，曾经频频前往粤东地区进行考古调查，其间在澄海北陇发现了龟山汉代遗址，并发现大量的戳印纹陶片、瓦片和铜五铢钱，包括有陶釜、陶四耳罐、器盖和板瓦、筒瓦等，戳印纹有15种，如组合形、菱形、圆形、方格形多种，其中圆形戳印纹有"五铢"钱形。虽然麦兆良没有在文中标明龟山遗址，但从遗址位于北陇韩江支流边上，可以肯定麦兆良神甫所发现的汉代建筑遗址就是龟山遗址。这次遗址发现于20世纪40年代，可惜数十年间没有被人认识，直至1983年才被澄海县文博工作者重新揭示出来。

自1988~1992年，广东省的考古学家对龟山遗址进行了三次发掘[1]。遗址分布在龟山的东、西、南山坡，据调查分布范围达二万平方米。因当地炸石取土破坏严重，现仅存南坡部分4000多平方米。经发掘勘探，南坡有三个平台营造建筑，其中以第三级平台面积最大。发掘资料表明，龟

---

[1] 广东省文物考古研究所、澄海市博物馆、汕头市文物管理委员会：《广东澄海龟山汉代建筑遗址》，《文物》2004年第2期；广东省文物考古研究所、汕头文物管理委员会、澄海市博物馆：《澄海龟山汉代遗址》，广州：广东人民出版社，1997年。

山遗址可分为三期。第一期未发现基址，出土瓦当为卷云箭镞纹，尺寸较大，瓦类内壁为乳点纹，器表饰粗绳纹，年代可能为西汉前期后段；第二期发现有长方形基址和"凹"字形三合庭院式基址，后者规模较大，有殿堂、配房、廊房。瓦当主要为卷云钉纹，尺寸略小，瓦类内壁出现素面或布纹，器表绳纹略规整，出现有铺地方砖，年代大致为西汉中期；第三期发现有叠石墙基的圆形基址和石墙体的房址，并有叠石墙基的院墙，瓦当、瓦类形制与第二期大致相同，有用长方形砖砌筑房址的转角墙基，反映出新时期房屋结构形态上的变化，年代为东汉时期。遗址出土大量陶器、铁器、铜器，还有石器、玛瑙珠饰、瓷权等。龟山遗址整个建筑群的规模与整体面貌虽然还不很清楚，但从遗址分布及发掘情况分析，建筑群具有相当规模，属于级别较高的府第官衙建筑。

最大的一座房子为三号房基（图五十一），坐北朝南，方向为201°，规模较大，形状为三合院式，东西宽12.8米，北部略高，中央为殿堂，面宽5.5米，进深6.2米，东西两侧为配房，面宽各3.25米，进深亦为6.2米。

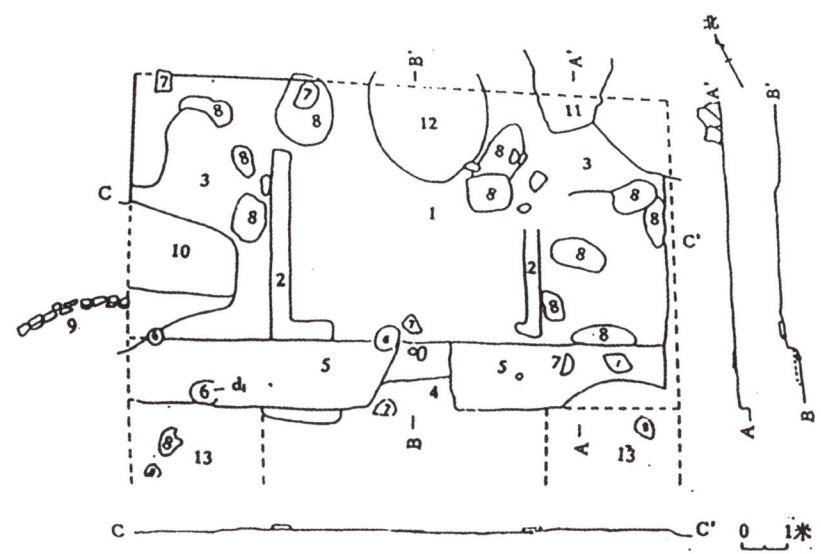

图五十一　澄海龟山遗址三号房基

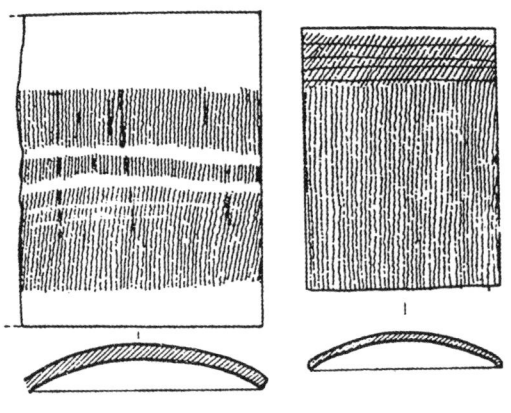

图五十二　澄海上华镇北陇龟山遗址出土的板瓦

殿堂与配房之间有夯土隔墙,墙厚50厘米。中央为庭院,东西为廊房,与殿堂、配房相隔处为走道(门道),宽1.6米。廊房已不全,但两侧的走道门口瓦檐上均有瓦当。推测这处基址的性质属于衙署。基址内出土器物较多,有铜器鼎、箭镞、铁器钩、斧、凿、刀、刮刀,陶器瓮、罐、魁、盆、碗、钵、纺轮、网坠,还有瓷器权等。较高级的用品还有玛瑙珠、耳珰和铜镜,可惜铜器已残,铭文不清[①]。另外,还有圆形的基址(图五十六),据探讨属于祭祀性的房子,对此我们还缺乏研究。

根据龟山考古报告资料,对比麦兆良神甫的藏品中,筒瓦形制较大,内壁为点纹,表饰绳纹(图五十三)。另外,板瓦瓦沿有饰绳纹者(图五十二),显示属于第一期。由此印证了麦兆良神甫发现的绳纹瓦,虽然仅于地表采集,但是推动了日后我们对有关遗址的初步认识。

在麦兆良神甫的藏品中,除绳纹瓦片外(图六十一),还有戳印网格纹四系陶罐(四耳罐)(标本Y66.45M),澄海出土。高14厘米。褐陶,

---

① 广东省文物考古研究所、汕头文物管理委员会、澄海市博物馆:《澄海龟山汉代遗址》,广州:广东人民出版社,1997年,第12~16页。

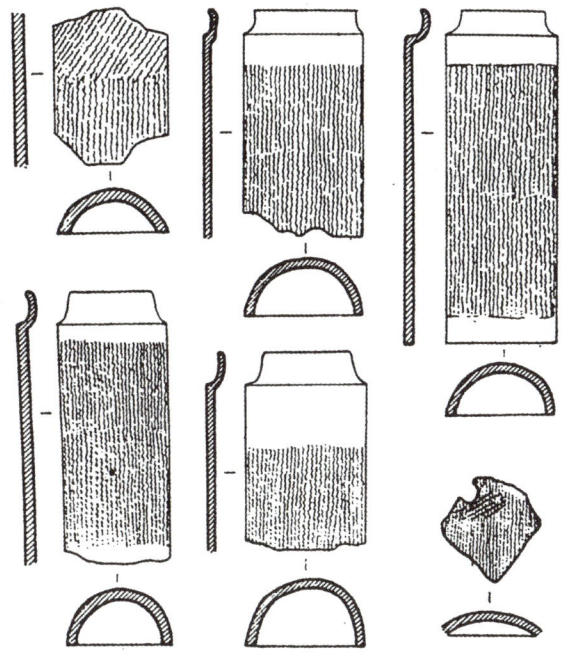

图五十三　澄海上华镇北陇龟山遗址出土的筒瓦

火候略高，口微敞，沿外翻作平沿状，溜肩，鼓腹，肩部四横耳，肩、腹饰方格纹及圆形戳印纹，近底处素面（图五十四）。陶釜，灰褐陶，火候略高，盘口，平唇，鼓扁圆腹，圜底。高6厘米（图六十）。此外，还发现了多种戳印方格纹陶片（图六十二）。这类陶器无疑属于汉代。

澄海龟山遗址位于粤东韩江流域下游之东溪河西岸，发现有多座建筑基址，其中主要的一座设有殿堂、配房和廊房，可以肯定不是宫殿式建筑，而是与官府有密切关系的建筑。建筑材料主要是绳纹瓦，有多种卷云纹瓦当（图五十五，1；图五十五，2；图五十九，1；图五十九，2），这是时代延续较长的标志，也有少量无花纹的铺地砖。还有圆形的房屋基址（可能属于祭祀类遗迹），由此显示建筑物的级别要低于南越国宫殿和五

图五十四　麦兆良采集的广东澄海龟山遗址戳印方格纹陶罐

图五十五　澄海上华镇北陇龟山遗址的云纹瓦当

华长乐台两处遗址。龟山遗址的瓦类尺寸与徐闻汉代建筑遗址[①]所见基本相同，而瓦当则有部分比较接近，这是因为龟山遗址的最早年代可在西汉前期，故早期的瓦当尺寸较大，直径多在16～17厘米。只是在西汉中期及以后，瓦当的直径才渐小一些。从史料上看，揭阳县最早置于南越国时期，汉武帝平南越时，揭阳令史定降汉，汉武帝仍置揭阳县，至晋时，揭阳县才被废置。龟山遗址的出土遗物，其中有铜镞、铜带钩、铜镜、铁釜、铁鼎、玛瑙耳珰、珠饰、瓷权（图五十七、图五十八）等较高级的用品，考古分期也与揭阳县的建置始末正相吻合。可以推定，龟山遗址应就是汉代所置的揭阳县治。

揭阳县始建于何时，史地学界迄今仍未有共识。中国历史地图集编辑部编著的《中国历史地图集》，秦代地图上没有揭阳县，只是在西汉时期的地图上才标上揭阳。由广东省地图出版社编辑出版的《广东省历史地图集》，则从秦代的地图开始标上了揭阳一名。这当然是各有所据。前者所据当为《史记》《汉书》，秦时南海郡下辖番禺、四会、博罗、龙川四县，并无揭阳。后者所据为清代的史料，主要是《揭阳县志》，载"秦始皇三十三年有县曰揭阳"，这条史料的可靠性尚未得到学界的公认。秦时

---

① 广东省文物考古研究所、湛江市博物馆、徐闻县博物馆：《广东徐闻县五里镇汉代遗址》，《文物》2000年第9期。

图五十六　澄海上华镇北陇龟山遗址的圆形基址

揭阳地或可能为博罗县所辖。至南越国，因有揭阳令史定降汉之事，其时已置揭阳县则是不争的事实。但秦军戍守揭阳岭应有其事，唐人张守节《史记正义》载："五十万人守五岭，其一揭阳，此秦兵之初戍揭阳岭也。"清代顾祖禹《读史方舆纪要》亦记："始皇伐百越，命史禄转饷，留家揭岭，此为中土移民入潮之始。"秦时已有军队驻守揭阳，故此才会有南越国置揭阳县之举。依《汉书》载"南越揭阳令史定降汉为安道侯"一事，可认定南越国时期已置有揭阳县，这可以说是有关揭阳县建置在西汉时期的最早记载。史定降汉是在汉武帝时期，因此，揭阳县的建置或许早于此也是很可能的。从澄海龟山汉代遗址的考古材料分析，该遗址的年代上限为南越国后段，因此，揭阳县的建置很可能是在南越国后段，这与史定担任揭阳令的时间更相符合。依宋代苏过《史揭合序》所载："史焕长子定于建元六年以护驾将军随王恢出豫章，兵未逾岭而东粤输服。"此时（前135年）史定应未到揭阳任职。《史揭合序》接着又述："又承命随严助往谕南粤，为粤胁令揭阳而阴据中国之喉吭，业二十载矣。"据此，

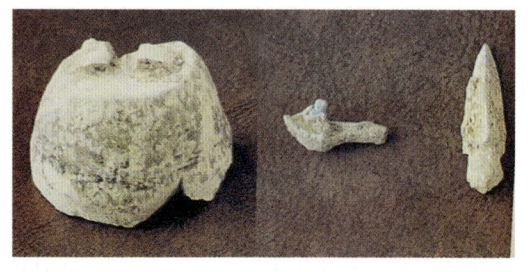

图五十七　左：瓷权；中：铜带钩；右：铜箭镞　　图五十八　左：铜镜；中：玛瑙珠饰；右：玛瑙耳珰

图五十九　澄海龟山遗址出土的卷云纹瓦当　　图六十　麦兆良采集的龟山遗址陶釜
（依香港考古学会）

史定到揭阳任职当在随严助到南粤之后。又按《汉书》载：元鼎六年"粤揭阳令史定降汉，为安道侯。"其时为公元前111年，以史定在南越国任职揭阳令二十年计，南越国至迟在汉武帝元光五年（前130年）已置揭阳县，这应是目前最可靠的推断。其时揭阳县的东线，实际上也就是南越国的东界。

就揭阳的建置而言，可以大致分为三个阶段：即汉晋时期的揭阳县；宋代以来的揭阳县；1991年以来的揭阳市。

揭阳自汉代（南越国）起建县，至东晋咸和元年（326年）以前，均属南海郡所辖。东晋成帝咸和元年从南海郡析出东官郡，揭阳县划为东官郡所辖。咸和六年，揭阳县被分置为海阳、潮阳、海宁、绥安四县。汉晋时期的揭阳县，辖地极大，其西约在今海陆丰一线，北至梅州、蕉岭，东及今漳浦、云

图六十一　麦兆良采集的龟山遗址板瓦、筒瓦
（依香港考古学会）

图六十二　麦兆良采集的龟山陶器上戳印纹
（依香港考古学会）

霄。地盖粤东的大部与闽南之小部。应该说，此时的揭阳县，与后来重置之揭阳县，虽有一定的关联，但已不可同日而语。

东晋咸和六年（331年），揭阳县被废置。其后一直延至北宋徽宗宣和三年（1121年）才复置揭阳县，但于南宋绍兴二年又废，而于绍兴八年（1138年）再立。此后揭阳县建置延续至1991年。宋代复置揭阳县时，是以当时海阳县的一部分复立的，所管辖的区域仅为汉晋时期揭阳县其中的很小部分。宋代以来，揭阳县治曾设于留黄（今丰顺留隍）、渔湖吉帛村（今揭阳京岗）和玉窖村（今揭阳榕城）。其隶属关系则先后为潮州府、汕头地区所辖。其间揭阳县的辖地虽亦有变化，但总体上已基本固定，尤其是揭阳县城，再没有搬迁。

1991年设立的揭阳市，其管辖范围增至四县（市）二区，即揭西县、揭东县、惠来县、普宁市和榕城区、东山区。其辖地范围虽然仍远远比不上汉晋时期的揭阳县，但较之宋以来的揭阳县，则有了相当程度的扩大。

由上可以看到，揭阳历史上的建置所经历的三个阶段有很大的变化和区别，这是在研究古揭阳历史时需要特别给予注意的，不应将汉晋时期的揭阳与宋元明清时期的揭阳混为一谈。

秦军统一岭南的行动中断了当地政体的发展。由此而代之是郡县制的建立。秦是否置揭阳目前未能确认，其时粤东地大致分属龙川与博罗两县。西汉前期，揭阳地属南越国或是闽越国亦有争议，但南越国行将灭亡之际，史定降汉一事证明南越国曾置揭阳县则是不争的事实。揭阳县令史定赐姓为揭，名猛，史称"揭定"，其子为揭当时，这已为史料所证明[①]。

---

① （清）刘业勤纂修：《揭阳县志》，清乾隆四十四年；王大良：《寻根探秘百家姓》，西安：陕西旅游出版社，2004年；饶宗颐：《潮州志·沿革》，潮州修志馆，1949年。

第二节

广东其他建筑遗址

从目前已发现的广东秦汉时期建筑遗址（图六十三），根据其建筑类型，可以分为宫室、城堡及官署三类。

一、宫　室

属于宫室类的遗址有广州中山路[①]、五华狮雄山[②]。广州中山四路的南越国宫殿遗址在考古学地层中叠压在秦代造船遗址上面，包括有宫殿遗迹与御花园的曲流水渠遗迹以及当时的水井等，为西汉初年南越国都城的王宫与宫苑遗址。1975年试掘时，发现了宫殿的一段砖石通道。2000年1月，发掘清理出一座大型宫殿东北角的一段散水道，已揭开长21.5米，其东折向南再转东。散水宽1.5米，外用带榫的长条砖镶边，当中铺河卵石，内层以印花的大砖铺砌，做工讲究。1996年发掘南越国时期的汲水砖井，在宫殿遗迹东侧。井为圆形，用扇形砖结砌，外径1.11米，深8.8米，井

[①] 南越王宫博物馆筹建处、广州市文物考古研究所：《南越宫苑遗址：1995、1997年考古发掘报告》，北京：文物出版社，2014年。
[②] 广东省文物考古研究所：《五华狮雄山》，北京：科学出版社，2014年；广东省文物考古研究所、广东省博物馆、五华县博物馆：《广东五华狮雄山汉代建筑遗址》，《文物》1991年第11期；邱立诚：《广东五华狮雄山遗址的考古收获及其性质》，《广州文博》14辑，北京：文物出版社，2021年。

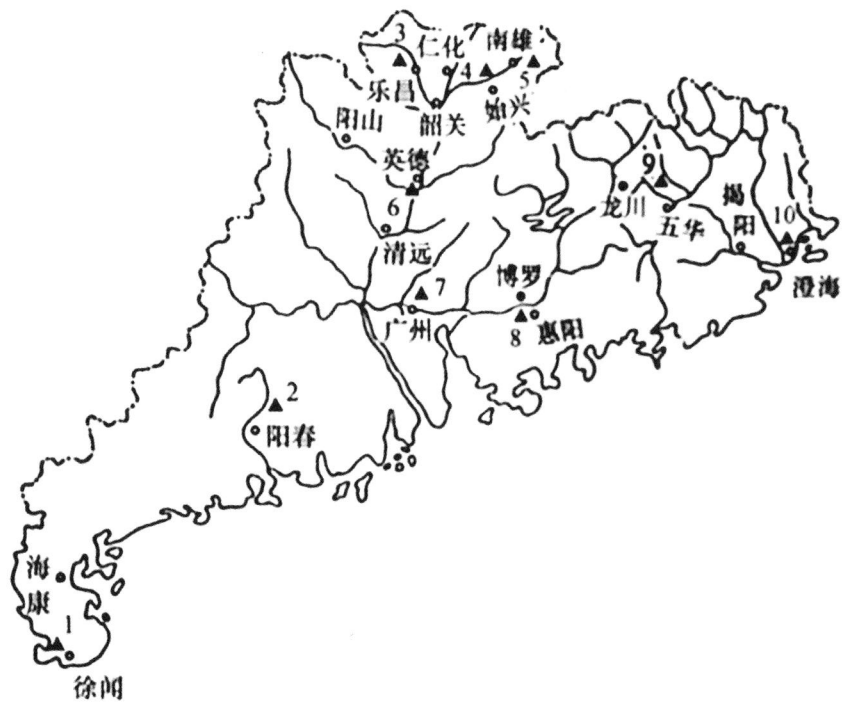

图六十三　广东汉代建筑遗址分布图

1. 五里仕尾、二桥　2. 春湾古旧塘　3. 河南泷口洲仔　4. 罗围犁头嘴　5. 乌迳甘埠山　6. 英德连江口　7. 中山四、五路　8. 潼湖蚬壳角　9. 华城狮雄山　10. 上华北陇龟山

台、井栏已不存。井底铺石板，有五个出水孔，下有细砂层滤水。井中塞满南越国时期的砖、石、瓦、焦木等建筑构件。砖石通道是1975年也是试掘时发现，宽2.55米，当中铺石板，两侧用边长70厘米的印花方砖砌边。通道残长约20米，其上覆盖有"万岁"瓦当等残件及灰烬。这处宫殿遗址，砖与瓦的形制都较大，铺地方砖（图六十六，1）的尺寸较之福建崇安汉城遗址的同类器要大，1995年、1997年两次发掘，先后发现宫苑遗址的石构蓄水池（蕃池）和长150米的曲流石渠苑遗迹。蕃池已揭露东西长24.7米，南北宽20米，最深2.5米，面积约400平方米，经钻探，推定其面积约3600平方米。池壁呈斜坡状，铺石板，已发现有"蕃""治""阅"等刻字。有一叠石方柱，向西南倾倒。池底出土八棱石望柱、石栏杆、石门

楣及砖、瓦、木等建筑残件。蕃池的南壁下埋设导水木槽。曲流石渠苑遗迹的东北面与石水池的导水暗槽相接，往西蜿蜒曲折至曲廊而止。靠近石板平桥和步石处设出水闸口，外连木暗槽以泄水。出土许多铺地方砖、井砖、瓦、瓦当、木、石构件及陶瓷器等[①]。

2004年在发掘宫苑的廊道时，清理一口南越国时期的渗水砖井，现存深3米，外径1.16米，上部用扇形砖砌筑，砖呈青灰色，少量带绿釉，尚存15层，砌法为平砌错缝。下部为陶井圈，共6节，每节高约33～35厘米，共高2.06米。井底铺三块木板。井圈的上部东、西侧还特意留出一个进水口，外面与木质水槽（已朽）相连接。北壁低下10多厘米处留一出水口，外面连接陶制地下管道。应是用来沉淀泥沙的渗水井。在井内堆积的第8～14层共出土木简（含整简和残简）100多枚，共有1000多字。木简记录了南越国早期宫苑的制度管理及刑律等内容。木简散乱，未见编联痕迹。完整的木简长25厘米，宽1.7～2.4厘米，厚0.1～0.2厘米。多数是单行书写，仅有一枚为两行半字。墨书字数不等。其中一枚有"廿六年……"的纪年，因汉高祖至汉景帝及南越国五主中，仅赵佗在位超过26年，而汉武帝始在纪年前加年号，可以认定，"廿六年"应为赵佗自立南越武王之后的26年，即汉文帝前元二年（前178年）。考古发掘证明，这里是南越国的王宫遗址，蕃池与曲流石渠是全国发现最早的宫苑实例，为岭南两千年前的园林遗存。

狮雄山建筑遗址位于广东省梅州市五华县华城镇东南3千米塔岗村旁的狮雄山上，遗址范围大，保护面积为66534平方米。年代为秦至西汉南越国时期，毁于南越国灭亡之时。1984～1989年及2010～2013年多次进行考古发掘。发现宫殿式的主体回廊建筑基址，面积约为1400平方米，仅残存东半部的一部分。主体建筑已不存，其面貌与秦西汉皇宫大体相同，最大的不同之处是这里利用自然山岗作宫殿的大台基座。根据考古发掘资料，推测这处宫殿建筑东西宽度为40米左右。杨鸿勋教授认为它的总平面

---

① 杨鸿勋：《宫殿考古通论》，北京：紫禁城出版社，2001年，第309页。

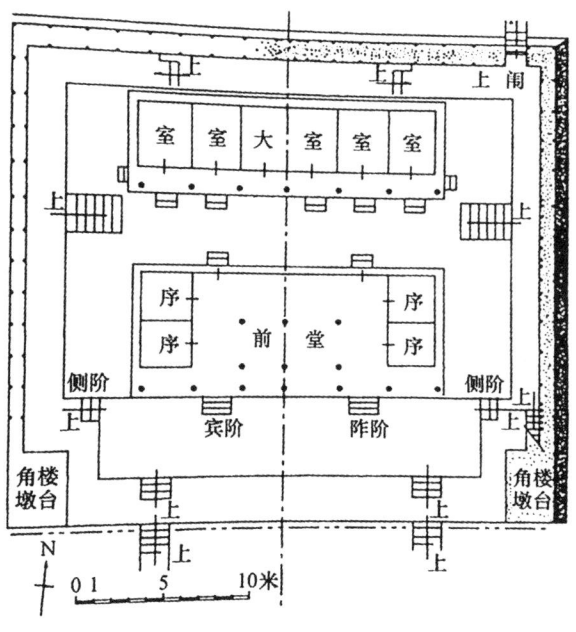

图六十四　广东五华长乐台行宫遗址复原图
（依杨鸿勋）

是一个东西略长的扁方形，复原总体是四面版筑墙环绕，庭院中央借高起的地势整修成一大面积的台基，以安置殿堂。并进而推测大台上应有前堂后室两座宫殿（图六十四）[①]。还有其他房屋基址、灰坑、壕沟、井和窑等。出土大批建筑构件、日用器皿、兵器、封泥（图六十五）、植物遗存等。保存良好，出土遗物丰富，遗址地层及年代真实，完整性好。古籍记载南越王赵佗建有"四台"（行宫），狮雄山建筑遗址的宫殿式回廊建筑是考古发掘中唯一可以证实的南越国赵佗行宫重要遗迹，即长乐台，颇具战略要地；对研究赵佗及南越国时期的政治、经济、军事、文化等方面有重要意义，出土遗物在相关科学或领域中也极为重要，具有重大的文物、

---

① 邱立诚：《广东五华狮雄山遗址的考古收获及其性质》，《广州文博》14辑，北京：文物出版社，2021年，第32~41页。

1　　　　　　　　　　2　　　　　　　　　　3

图六十五　铺地砖与封泥

1. 铺地砖　2."定揭丞印"封泥　3."蕃"字封泥（五华狮雄山出土）

科学和历史价值。五华县于秦汉时为龙川辖地，秦时赵佗为龙川令。东晋时在此置长乐镇，北宋设长乐县，均以长乐台而得名。清屈大均《广东新语》载："在长乐县五华山下者，曰长乐，佗受汉封时所筑，长乐本龙川地，佗之旧治。"不仅认为长乐台在此，还认为龙川县治亦在此。并将长乐台与广州越王台、朝汉台及新兴白鹿台并称"四台"。清梁廷枏《南越五主传》载赵佗"以龙川为兴王地，就五华山筑台曰长乐"。这两说对长乐台的兴建原因有所出入，但在"五华山下筑长乐台"这一点是相同的。因此，狮雄山建筑遗址即为南越国时期赵佗的"长乐行宫"当无疑义[①]。

二、城　堡

城堡遗址有乐昌洲仔[②]和始兴罗围犁头嘴[③]。属于官署的除澄海龟山遗址外，还有惠阳、徐闻、阳春、英德、南雄五个地点。这些建筑遗址，分

---

① 邱立诚：《广东秦汉时期建筑遗址初探》，《东南文化》1993年第1期。
② 刘建安等：《乐昌县河南村洲仔汉代建筑遗址》，《1989年中国考古学年鉴》，北京：文物出版社，1990年。
③ 邱立诚等：《始兴县罗围犁头嘴汉代城址》，《1989年中国考古学年鉴》，北京：文物出版社，1990年。

布在粤北的几处位于古道要冲，与军事当有直接的联系，反映了南越王国为防止岭北军事势力南下而驻重兵于粤北的历史事实。如乐昌洲仔城址，位于武江南岸，最早为秦任嚣所建，其后赵佗立国，驻重兵于此，即为赵佗城，毫无疑问，这是一座军事城堡。经考古发掘，找到一段城墙基址，但未发现一件瓦当，而绳纹瓦则较多。洲仔城址临河高居，所处之地有泷口之称。《水经注》载，"泷口有任将军城，南海都尉任嚣所筑，嚣死，尉佗自龙川始居之"。《元和郡县志》载："秦楚之际，南海都尉任嚣因中国方乱，欲据岭南，故筑此城以图进取，嚣死，此城尉佗因之，遂有南越。"《寰宇通志》也有关于任嚣在乐昌西南二里的武水筑城，派兵戍守，俗称"任嚣城"之称谓。这处城堡大概在南越国灭亡后即废弃不用，所以在城址中没有西汉中期以后的遗物。这里自周代以来是南岭的交通要道，经济发展，战略地位十分重要。洲仔遗址的发现与发掘可证明《水经注》所载是言之有据的。

如果说，这可能是城址遗留面积有限之故，那始兴罗围犁头嘴城址可以给以我们更多的启示，这是一座有8000多平方米的城堡，位于浈江与墨江交汇处，周边城墙尚保存较好，遗址的年代大致可认定为两汉时期，其下限或可在三国时期。城址范围随处可见绳纹瓦，但瓦当却一件不见，我们曾怀疑此城址有否作为三国时所置之始兴县，然目前尚未有更多的证据。始兴罗围犁头嘴城址在文献史料中不见记载，遗物的年代主要为西汉至东汉时期。从规模及地理位置分析，当与扼守两江通道有密切关系。

英德连江口城址[①]位于北江与连江之交汇处，军事作用极为明显，这里也同样只见绳纹瓦不见瓦当。可见在当时军事性的遗址是不使用瓦当这种建筑材料的。北江古称浈水，连江古称洭水。《水经注》《英德县志》《英德续县志》均载这里在秦时设洭浦关，后赵佗绝道自守，"筑万人城于浈水"，连江口城址与此记载大致相符。虽然基址情况不明，但据遗物地点尚可确定。

---

① 梁明燊：《广东连江口发现汉代遗址》，《考古》1964年第8期。

阳春春湾古旧塘遗址①如与白鹿台有关系，则也是行宫性质。阳春古旧塘遗址疑是南越国时期的白鹿台，因出有四叶及四圈纹铺地砖（图六十六，3、图六十六，4），其建筑规格亦不会低，但为何没有瓦当则尚难解释。如属行宫，应与五华长乐台相类，亦应有瓦当此类建材，故此问题有待进一步的考古研究。阳春古旧塘遗址北面相距不远即为新兴，《南越五主传》及《广东新语》都有在新兴（汉临允）筑白鹿台之记载，言及赵佗"于临允县南获白鹿，故即其地筑白鹿台"。春湾汉为临允辖地，北邻即为今新兴，隋时为铜陵县地，《旧唐书·地理志》谓铜陵县，本汉临允县，属合浦郡，可知春湾汉时为临允辖地。古旧塘遗址的年代早至南越国时期，推测其与"白鹿台"遗址有关。

三、官　署

徐闻遗址②主要是官署性质，其中徐闻二桥、仕尾可能是港口遗址，与海外贸易的关系更为密切。徐闻所见的汉代建筑遗址应就是汉武帝时所设立的徐闻县治，在二桥出土的"臣固私印"龟钮铜印以及"张已"铜印，也证实有相当级别的官员在此活动和埋葬。徐闻县治的设立与徐闻港有直接的关系，在设县之前，徐闻港已是颇为热闹的民间渔港和商港，为管理和发展对外贸易关系，汉王朝在此立县，使之成为官港，使之成为名噪一时的边城。可以说，徐闻是名副其实的"海上丝绸之路"始发港之一。正因为在西汉前期有徐闻港作岭南与海外交通的外港，才会有汉武帝平南越后置徐闻县之举。因有商港而置县，徐闻当为一例，并同时使徐闻港成为对外交往的官港。

徐闻港在徐闻置县之前已经形成，有学者认为，形成的时间在汉代以前甚至春秋战国③，理由是其时楚从两广所得的犀、象、珠玑，当中不少

---

① 刘大强：《阳春汉代遗址及明清墓葬发掘简报》，《广东文博》1990年第1期。
② 广东省文物考古研究所、湛江市博物馆、徐闻县博物馆：《广东徐闻县五里镇汉代遗址》，《文物》2000年第9期。
③ 杨少祥：《试论徐闻、合浦港的兴衰》，《海交史研究》1985年第1期。

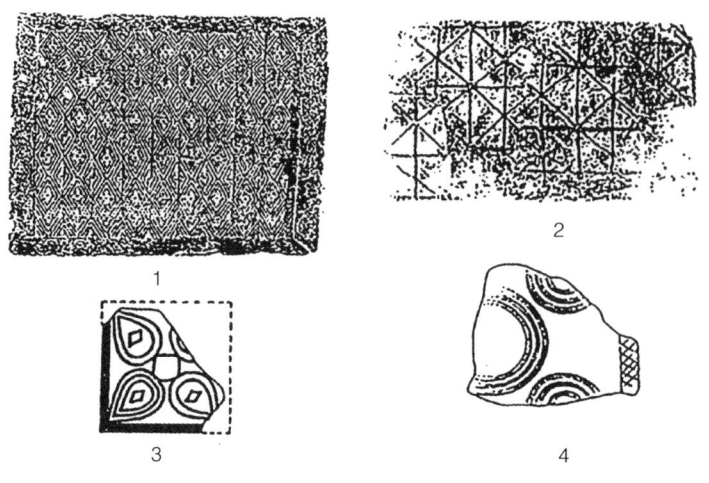

图六十六　汉代铺地砖
1. 广州中山四路　2. 徐闻五里二桥　3、4. 阳春春湾古旧塘

应是从徐闻、合浦输入。这个观点虽然还没有直接的证据,但从徐闻港所处的位置及所处的历史背景考察,当不无道理。官港的兴起,当是以民间港为基础。有了一定的积累,港口有了相当程度的繁荣,才有设置官方管理机构的需要。汉代及汉以前,造船技术与航海能力都有限,不可能远离海岸线航行,这就决定了从岭南到东南亚及西域的航程,在离开大陆时最后的基地,以徐闻港较具优势,这是地理位置所使然。合浦港也是如此。可以认为,当时的商船离开汉王朝远航海外,是以离开徐闻港或合浦港为标志,而日南则被辟为障塞之地,对此航线起着保护的作用。正是在这样的历史背景下,徐闻港得到了天时与地利,迎来了发展兴旺的机遇,从而使之在汉代海上丝绸之路中有了重要的一席。唐《元和郡县志》记载:汉徐闻县"积货物于此,备其所求,与交易有利。故谚言:欲拔贫,诣徐闻"。由此可见当日徐闻海外贸易和商业的繁荣。从徐闻汉墓中较多地出现舶来珠饰亦可见一斑。从徐闻的汉代遗址、墓葬情况可以想见,当日的徐闻县,城内瓦房林立,郡、县级官员与左右候官的官署、接待海外宾客的驿所(站)使用"万岁"(图六十七)等各种瓦当作装饰;港口客商往

来频繁，出境者多携铜钱、丝绸，入境者多带明珠、琉璃、奇石、异物、香料等。汉王朝还置有译长，负责海外诸国来朝贡献之番客的语言翻译；而汉王朝也有派遣译使出访海外诸国。由此，南海丝绸之路从徐闻设县并置官港起，才成为官方与海外各国交往的官道，并自此有了很大的发展。

徐闻港之所以重要，不仅仅是在此置县，它还曾一度作为郡治，这是非比寻常之举。汉武帝元鼎六年（前111年）置合浦郡，领县有五：徐闻、高凉、合浦、临允、朱卢。辖地可谓千里。但郡治不在合浦而设徐闻，这是很特别的举措。笔者认为，这一方面是与监管位于海南的朱卢县有密切关系，另一方面也是徐闻港在海外交通有着特殊地位的需要，否则，没有必要把郡治设在雷州半岛的最南端。合浦郡治设在徐闻长达155年之久，至东汉建武二十年（44年）才迁至合浦县，这是徐闻地位开始下降的标志。

合浦县在西汉置县时也有一定的基础，随后得到了发展的机会，东汉时上升为郡治，更成为北部湾地区政治、经济的中心。合浦地区发现的两汉时期墓葬，出土较多的精美铜器和大批从海外贸易输入的各种珠饰就是明证。合浦港与徐闻港同样在汉代成为南海海上丝绸之路的始发港口，为中外交通经济文化的发展作出过重要的贡献。

导致徐闻县与徐闻港衰落的原因主要是我国造船技术的提高和航海技术的发展，并由此开辟了新的航线。三国时期所制造的大楼船，已可远离海岸航行。从岭南的繁荣中心广州启航东南亚、西亚，可直接经由海南岛的东面海域和西沙群岛海域到达目的地。西沙群岛的海域、礁盘，考古发现了较多的南朝及以后各朝的陶瓷器、铜钱等沉船遗物[1]，也说明这条航线的存在与开辟的时间不会早于南朝。与此相关的是，自三国时起，徐闻港已不是中外商舶往来的必经之地，其中转、集散与交易的港口作用进而消失。徐闻之地少见三国、晋南朝时期的器物，这正是徐闻港衰落的反映。

---

[1] 广东省博物馆：《西沙文物——中国南海诸岛之一西沙群岛调查》，北京：文物出版社，1975年；广东省博物馆、广东省海南行政区文化局：《广东省西沙群岛第二次文物调查简报》，《文物》1976年第9期；《广东省西沙群岛北礁发现的古代陶瓷器》，《文物资料丛刊》第6辑，1982年。

图六十七　徐闻"万岁"瓦当

而徐闻县也于南齐永明中（483～493年）先后改名为乐康县、齐康县。自此，广州港彻底取代了徐闻港的地位，徐闻县已难现往昔之辉煌。

　　与相关遗址的比较分析，可以确认二桥、南湾、仕尾所发现的汉代建筑遗址，应就是汉代的徐闻县与徐闻港故址。虽然基址的形制结构尚不清楚，但以出土的各类遗物及周邻丰富的墓葬遗存，可以证明那是县级及县以上官衙机构的所在。"万岁"瓦当使我们隐隐约约地见到了两千多年前那瓦顶高耸的官署建筑，"臣固私印"更令我们感觉到当年郡守、县令及"左右候官"的那份荣耀，而那些五彩缤纷的珠子，则时时闪耀着异域的光芒。与三墩对峙的海港，和三墩这几个小岛上那号称"龙泉"的淡水井，伴随着中外商人的身影时而繁华喧闹，时而沉睡寂静。历史告诉我们，汉徐闻港是我国对外贸易的始发港之一，汉徐闻港曾经辉煌，她在我国南方海上丝绸之路留下的点点史迹，吸引着历史学家、考古学家去探讨、去寻觅。随着越来越多的考古发现，汉徐闻县与徐闻港的面目将更加清楚地呈现在我们面前。

　　南雄甘埠山与惠阳潼湖蚬壳角两处因遗址已基本被毁[①]，采集的遗物不

---

① 罗耀辉：《南雄首次发现汉代遗址》，《南方日报》1984年11月30日；崔勇：《惠阳县潼湖区考古调查简记》，《广东文博》1990年第1期。

足以反映全貌。南雄乌迳甘埠山可能与大庾岭关有密切关系；惠阳潼湖蚬壳角处于东江南岸，或与博罗县治所（又称傅罗，商时期为符娄国）有一定关系，这是寻找汉博罗县治位置的新线索。博罗建置于秦，南越国时废止，汉元鼎六年复置，但县治位置一直含混不清，有认为在今惠东梁化，但经多次调查，未发现相关遗迹。

广州光孝寺内亦曾发现汉代绳纹瓦[①]，据认为是南越国第三代王赵建德的官第；广州越秀山的电视塔山头也发现汉代绳纹瓦[②]，内壁为乳点纹，属西汉前期的遗物，可能与相传在越秀山的越王台有关，地理学家曾昭璇也认为越王台在越秀山东侧[③]。

总的来说，广东地区的秦汉时期建筑遗址，与这一时期郡县的设置，南越国的建立与灭亡有直接的关系，反映了秦统一给岭南带来的巨大变化，其本身也是中华民族文化统一性的象征。这些考古资料有力地证明，自秦汉以来，岭南土著民族与汉民族逐步融为一体，共同为中华民族光辉灿烂的古代文明做出自己的贡献。

---

① 粤博：《广州光孝寺》，《文物》1982年第4期；余天炽：《古南越国史》，南宁：广西人民出版社，1988年，第66页。
② 一名旅游者在广州越秀山的电视塔山头上发现绳纹瓦。
③ 《南海百咏》，任嚣城条引"番禺杂志"；曾昭璇等：《南越国都番禺城的城市结构》，《中国古都——中国古都学会第十一届年会论文集》11辑，1993年。

参考文献

（战国）吕不韦：《吕氏春秋·恃君览》，天津：百花文艺出版社，2015年。

（先秦）佚名：《逸周书·王会解》，上海：上海古籍出版社，2007年。

（西汉）司马迁：《史记·南越列传》，北京：中华书局，1982年。

（宋）《南海百咏》，任嚣城条引"番禺杂志"。

（清）刘业纂修：《揭阳县志》，清乾隆四十四年。

曾凡：《福建漳浦新石器时代遗址调查》，《考古》1959年第6期。

卜工：《广东青铜时代的分期与文化格局》，《中国文物报》2001年11月16日。

陈耿之等：《饶宗颐与浮滨文化》，《饶宗颐学术研讨会论文集》，深圳：海天出版社，2009年。

陈文：《广西平南县石脚山遗址发掘简报》，《考古》2003年第1期。

春成秀尔：《古代の装飾》，東京：講談社，1997年。

崔勇：《惠阳县潼湖区考古调查简记》，《广东文博》1990年第1期。

邓聪、黄韵璋：《大湾文化试论》，《南中国及邻近地区古文化研究》，香港：香港中文大学出版社，1994年。

邓聪、区家发编：《环珠江口史前文物图录》，香港：香港中文大学出版社，1991年。

邓聪：《东南中国树皮布石拍使用痕试释——后山遗址石拍的功能》，《揭阳考古》，北京：科学出版社，2005年。

邓聪:《贵玉残珉——真玉文化形成》,《邓聪考古论文选集》,香港:香港中文大学中国考古艺术研究中心,2021年。

邓聪:《环珠江口史前考古刍议》,《环珠江口史前文物图录》,香港:香港中文大学出版社,1991年。

邓聪:《南北儋耳——大耳垂风俗》,《邓聪考古论文选集》,香港:香港中文大学中国考古艺术研究中心,2021年。

邓聪:《史前蒙古人种海洋扩散研究——岭南树皮布文化发现及其意义》,《东南文化》2000年第11期。

邓聪:《台湾出土冯原式石拍的探讨》,《桃李成蹊集:庆祝安志敏先生八十寿辰》,香港:香港中文大学中国考古艺术研究中心,2004年。

邓聪:《香港考古之旅》,香港:香港区域市政局,1991年。

邓聪:《玉器起源一点认识》,《邓聪考古论文选集》,香港:香港中文大学中国考古艺术研究中心,2021年。

邓宏文等:《广东博罗银岗遗址第二次发掘》,《考古》2000年第6期。

凡明:《广东省文管会发现新石器时代遗址八处并在清理古墓葬中获得完整古瓷器一批》,《文物参考资料》1956年第4期。

冯孟钦:《蚝岗遗址发掘的主要收获》,《东莞蚝岗遗址博物馆》,广州:岭南美术出版社,2007年。

福建博物院、漳州市文管办、漳州市博物馆:《虎林山遗址》,福州:海潮摄影艺术出版社,2003年。

福建博物院文物考古研究所、漳州市文物管理委员会办公室:《鸟仑尾与狗头山》,北京:科学出版社,2004年。

福建晋江流域考古调查队:《福建晋江流域考古调查与研究》,北京:科学出版社,2010年。

干小莉:《从凸纽形玦看环南海区域土著文化的交流》,《南方文物》2008年第2期。

古运泉、邓宏文:《珠海平沙棠下环遗址发掘简报》,《文物》1998年第7期。

广东省博物馆:《广东高要县茅岗水上木构建筑遗址》,《文物》1983年第12期。

广东省博物馆:《广东考古结硕果,岭南历史开新篇》,《文物考古工作三十年(1949–1979)》,北京:文物出版社,1979年。

广东省博物馆:《广东省西沙群岛北礁发现的古代陶瓷器》,《文物资料丛刊》第6辑,1982年。

广东省博物馆、广东省海南行政区文化局:《广东省西沙群岛第二次文物调查简报》,《文物》1976年第9期。

广东省博物馆:《西沙文物——中国南海诸岛之一西沙群岛调查》,北京:文物出版社,1975年。

广东省博物馆等:《广东饶平县古墓发掘简报》,《文物资料丛刊》第8辑,文物出版社,1983年。

广东省文物考古研究所、澄海市博物馆、汕头市文物管理委员会:《广东澄海龟山汉代建筑遗址》,《文物》2004年第2期。

广东省文物考古研究所、普宁市博物馆:《广东普宁市池尾后山遗址发掘简报》,《考古》1998年第7期。

广东省文物考古研究所、珠海市博物馆:《珠海宝镜湾——海岛型史前文化遗址发掘报告》,北京:文物出版社,2004年。

广东省文物考古研究所:《浮滨撷英——广东饶平、大埔原始瓷发现与研究》,上海:上海古籍出版社,2020年。

广东省文物考古研究所:《广东博罗县银岗遗址发掘简报》,《文物》1998年第7期。

广东省文物考古研究所:《广东出土先秦青铜器》,北京:科学出版社,2020年。

广东省文物考古研究所:《五华狮雄山》,北京:科学出版社,2014年。

广东省文物考古研究所等:《博罗横岭山》,北京:科学出版社,2005年。

广东省文物考古研究所、汕头文物管理委员会、登海市博物馆:《澄海龟山汉代遗址》,广州:广东人民出版社,1997年。

广东省文物考古研究所、广东省博物馆、五华县博物馆:《广东五华狮雄山汉代建筑遗址》,《文物》1991年第11期。

广东省文物考古研究所、湛江市博物馆、徐闻县博物馆:《广东徐闻县五里镇汉代遗址》,《文物》2000年第9期。

广东省文物考古研究所、广东省博物馆、广东省韶关市曲江区博物馆：《石峡遗址——1973~1978年考古报告》，北京：文物出版社，2014年。

广州市文物管理处、中山大学考古专业75届工农兵学员：《广州秦汉造船工场遗址试掘》，《文物》1977年第4期。

广州市文物管理委员会、广州市博物馆、中国社会科学院考古研究所：《广州汉墓》，北京：文物出版社，1981年。

广州市文物管理委员会、中国社会科学院考古研究所、广东省博物馆：《西汉南越王墓》，北京：文物出版社，1991年。

广州市文物考古研究所等：《增城石滩围岭遗址发掘简报》，《广东文物考古三十年》，广州：暨南大学出版社，2009年。

何纪生：《略论广东东周时期的青铜文化及其与几何印纹陶的关系》，《文物集刊》第3集，1981年。

何纪生：《香港的考古发掘与需要探讨的几个问题》，《学术研究》（内部文稿）1983年第6期。

何介钧：《环珠江口的史前彩陶与大溪文化》，《南中国及邻近地区古文化研究》，香港：香港中文大学出版社，1994年。

贺刚等：《高庙文化及其对外传播与影响》，《南方文物》2007年第2期。

湖南省博物馆：《湖南安乡县汤家岗新石器时代遗址》，《考古》1982年第4期。

淮阳市博物馆：《淮阳高庄战国墓》，《考古学报》1988年第2期。

黄迎涛：《南澳与陆岛连桥——试论南澳新石器早期文化系统环境的演变》，《广东文物》1998年第2期。

黄玉质等：《广东梅县大埔县考古调查》，《考古》1965年第4期。

江上波夫、驹井和爱、後藤守一：《東洋考古學》，東京：平凡社，1939年，第48页。

江西省文物考古研究所、樟树市博物馆：《吴城：1973-2002年考古发掘报告》，北京：科学出版社，2005年。

蒋祖缘、方志钦主编：《简明广东史》，广州：广东人民出版社，1987年。

揭阳考古队、揭阳市文化局：《揭阳的远古与文明——榕江先秦两汉考古图谱》，香港：公元出版有限公司，2003年。

李伯谦:《广东咸头岭一类遗存浅识》,《东南文化》1992年第3、4期。

李伯谦:《试论吴城文化》,《文物集刊》第3集,1981年。

李伯谦:《粤东地区文明化进程的考古学考察》,《华学》第九、十辑,上海:上海古籍出版社,2008年。

李龙章:《湖南两广青铜时代越墓研究》,《考古学报》1995年第3期。

李松生:《试论咸头岭文化》,《深圳考古发现与研究》,北京:文物出版社,1994年。

李子文:《淇澳岛后沙湾遗址发掘》,《珠海考古发现与研究》,广州:广东人民出版社,1991年。

练铭志、马建钊、朱洪:《广东民族关系史》,广州:广东人民出版社,2004年。

梁惠颜主编:《南海区可移动文物普查精品图录》,广州:岭南美术出版社,2017年。

梁明燊:《广东连江口发现汉代遗址》,《考古》1964年第8期。

刘成基:《广东博罗园洲梅花墩窑址的发掘》,《考古》1998年第7期。

刘大强:《阳春汉代遗址及明清墓葬发掘简报》,《广东文博》1990年第1期。

刘建安等:《乐昌县河南村洲仔汉代建筑遗址》,《1989年中国考古学年鉴》,北京:文物出版社,1990年。

罗耀辉:《南雄首次发现汉代遗址》,《南方日报》1984年11月30日。

麦兆良:《粤东考古发现》,香港:香港考古学会出版,1975年。

麦兆良:《粤东考古发现》中译本,汕头:汕头大学出版社,1996年。

莫稚:《广东宝安新石器时代遗址调查简报》,《考古通讯》1957年第6期。

莫稚:《广东清远湛江河支流新石器时代遗址调查发掘简报》,《文物参考资料》1956年第11期。

莫稚:《广东始兴白石坪山战国遗址》,《考古》1963年第4期。

莫稚等:《广东增城、始兴的战国遗址》,《考古》1964年第3期。

南京博物院:《北阴阳营——新石器时代及商周遗址发掘报告》,北京:文物出版社,1993年。

南越王宫博物馆筹建处、广州市文物考古研究所:《南越宫苑遗址:1995、

1997年考古发掘报告》,北京:文物出版社,2014年。

彭适凡:《中国南方古代印纹陶》,北京:文物出版社,1987年。

秦威廉:《Report on salvage excavations at Lung Kwu shung Ton》,香港考古学会会刊第13期,1993年。

秦威廉编:《南丫岛深湾考古遗址调查报告》,香港考古学会专刊第三本,1978年。

邱立诚、吴道跃:《广东揭阳华美沙丘遗址调查》,《考古》1985年第8期。

邱立诚:《从考古资料看先秦时期的东莞》,《东莞历史文化论集》,广州:广东人民出版社,2008年。

邱立诚:《对粤港地区青铜文化几个问题的探讨》,《广东省博物馆集刊(1999)》,广州:广东人民出版社,1999年。

邱立诚:《浮滨文化的研究史》,《浮滨撷英——广东饶平、大埔原始瓷发现与研究》,上海:上海古籍出版社,2020年。

邱立诚:《广东秦汉时期建筑遗址初探》,《东南文化》1993年第1期。

邱立诚:《广东深圳大梅沙发现青铜兵器》,《考古与文物》1987年第5期。

邱立诚:《广东五华狮雄山遗址的考古收获及其性质》,《广州文博》14辑,北京:文物出版社,2021年。

邱立诚:《广东先秦考古研究的新进展》,《岭南考古研究》第2辑,广州:岭南美术出版社,2002年。

邱立诚:《论广东地区两周时期的考古文化》,《广东省文物考古研究所建所十周年文集》,广州:岭南美术出版社,2001年。

邱立诚:《先秦两汉时期潮汕地区的考古学文化》,《潮州学国际研讨会论文集》,广州:暨南大学出版社,1994年。

邱立诚:《珠江文明的八代灯塔——论西樵山文化遗存的早期文明》,《南海西樵论坛论文集1》,广州:广东旅游出版社,2017年。

邱立诚、曾骐、文衍源:《广东丰顺县先秦遗存调查》,《考古与文物》1998年第3期。

邱立诚、曾骐:《广东揭西县先秦遗存的调查》,《考古》1999年第7期。

邱立诚、刘建安、陈瑞和,等:《广东揭阳县战国墓》,《考古》1992年第3期。

邱立诚等：《论浮滨文化》，《潮学研究》，汕头：汕头大学出版社，1997年。

邱立诚等：《始兴县罗围犁头嘴汉代城址》，《1989年中国考古学年鉴》，北京：文物出版社，1990年。

邱立诚等：《再论浮滨文化》，《饶宗颐学术研讨会论文集》，深圳：海天出版社，2007年。

饶宗颐：《潮州志·沿革》，潮州：潮州修志馆，1949年。

饶宗颐：《从浮滨遗物论其周遭史地与南海国的问题》，《岭南古越族论文集》，香港：香港博物馆，1993年。

饶宗颐：《浮滨文化的符号》，《饶宗颐二十世纪学术文集》，北京：中国人民大学出版社，2009年。

饶宗颐：《浮滨文化的石璋、符号及相关问题》，《岭南学报》（香港）新第一期，1999年。

饶宗颐：《韩江流域史前遗址及其文化》，1950年。

任式楠：《论华南史前印纹白陶遗存》，《南中国及邻近地区古文化研究》，香港：香港中文大学出版社，1994年。

容达贤：《关于环珠江口地区史前"树皮布文化"若干问题的探讨》，《深圳文博》，北京：人民出版社，2001年。

商志䪜等：《香港考古学发展史简论（下）》，《考古与文物》1997年第3期。

上海市文管会：《马桥——1993~1997年发掘报告》，上海书画出版社，2002年。

上海市文物保管委员会：《上海市金山县戚家墩遗址发掘简报》，《考古》1973年第1期。

深圳市博物馆、中山大学人类学系：《深圳市大鹏咸头岭沙丘遗址发掘简报》，《文物》1990年第11期。

深圳市博物馆：《广东深圳大梅沙遗址发掘简报》，《文物》1993年第11期。

深圳市博物馆等：《广东深圳市大黄沙沙丘遗址发掘简报》，《文物》1990年第11期。

深圳市文物考古鉴定所：《深圳咸头岭——2006年发掘报告》，北京：文物出版社，2013年。

史图博（中国科学院广东民族研究所编译）：《海南岛民族志》，1964年。

司徒尚纪：《广东政区体系》第二章，广州：中山大学出版社，1998年。

苏桂芬主编：《东莞蚝岗遗址博物馆》，广州：岭南美术出版社，2007年。

唐振雄等：《淇澳岛亚婆湾、南芒湾遗址调查》，《珠海考古发现与研究》，广州：广东人民出版社，1991年。

王大良：《寻根探秘百家姓》，西安：陕西旅游出版社，2004年。

魏峻：《揭东县面头岭墓地发掘报告》《揭西县赤岭埔遗址调查报告》，《揭阳考古》，北京：科学出版社，2005年。

吴春明：《中国东南土著民族历史与文化的考古学观察》，厦门：厦门大学出版社，1999年。

吴耀利：《香港南丫岛大湾新石器时代遗址》，《中国考古学年鉴1997》，北京：文物出版社，1999年。

香港古物古迹办事处、中国社会科学院考古研究所：《香港马湾岛东湾仔北史前遗址发掘简报》，《考古》1999年第6期。

杨鸿勋：《宫殿考古通论》，北京：紫禁城出版社，2001年。

杨虎、朱延平、孔昭宸，等：《内蒙古敖汉旗兴隆洼遗址发掘简报》，《考古》1985年第10期。

杨建军：《试论广东东部地区的后山类型》，《四川文物》2005年第3期。

杨少祥、郑政魁：《广东海丰县发现玉琮和青铜兵器》，《考古》1990年第8期。

杨少祥：《试论徐闻、合浦港的兴衰》，《海交史研究》1985年第1期。

杨式挺、林再圆：《从中山龙穴及白水井发现的彩陶谈起》，《南中国及邻近地区古文化研究》，香港：香港中文大学出版社，1994年。

杨式挺：《"大湾文化"初议》，《南方文物》1997年第2期。

杨式挺：《广东考古五十年》，《学术研究》1999年第10期。

杨式挺、邱立诚、冯孟钦，等：《广东先秦考古》，广州：广东人民出版社，2015年。

尹检顺：《汤家岗文化初论》，《南方文物》2007年第2期。

尤玉柱主编：《漳州史前文化》，福州：福建人民出版社，1991年。

余天炽：《古南越国史》，南宁：广西人民出版社，1988年。

粤博：《广州光孝寺》，《文物》1982年第4期。

云南省博物馆:《元谋大墩子新石器时代遗址》,《考古学报》1977年第1期。

曾骐、吴雪彬:《揭阳榕江流域的后山类型》,《揭阳考古》,北京:科学出版社,2005年。

曾骐等:《从象山人到浮滨人——潮州远古文化的历程》,《曾骐考古学论文集》,广州:广东人民出版社,2015年。

曾骐等:《浮滨文化》,《曾骐考古学论文集》,广州:广东人民出版社,2015年。

曾骐等:《广东省南澳县象山新石器时代遗址》,《考古与文物》1995年第5期。

曾骐等:《仙桥石璋》,《华学》第二辑,广州:中山大学出版社,1996年。

曾昭璇等:《南越国都番禺城的城市结构》,《中国古都——中国古都学会第十一届年会论文集》11辑,1993年。

曾柱昭:《麦兆良神父与广东考古》,《粤东考古发现》中译本,汕头:汕头大学出版社,1996年。

张强禄:《再论东南亚大陆的"T"字形环》,《南方民族考古》第十七辑,北京:科学出版社,2019年。

赵善德:《前山镇水涌、猫地遗址调查》,《珠海考古发现与研究》,广州:广东人民出版社,1991年。

郑辉、陈兆善:《九龙江流域先秦文化发展序列的探讨》,《福建历史文化与博物馆学研究》,福州:福建教育出版社,1993年。

中村慎一:《稲の考古学》,東京:同成社,2002年,第181~220页。

中国社会科学院考古研究所、中国历史博物馆、山西省考古研究所:《夏县东下冯》,北京:文物出版社,1988年。

中山市博物馆编:《中山历史文物图集》,中山:中山市博物馆,1991年。

朱非素:《广东石峡文化出土的琮和钺》,《良渚文化研究》,北京:科学出版社,1999年。

朱非素:《粤闽地区浮滨类型文化遗存的发现和探索》,《岭外求真——朱非素文集》,北京:科学出版社,2015年。

佐藤洋一郎:《DNAが语る稲作文明:起源と展开》,東京:日本放送出版協会,1998年,第166~180页。

C.F.W. Higham. Lingnan and Southeast Asia in Prehistory. Archaeology in Southeast Asia. Hong Kong: The University Museum and Art Gallery, The University of Hong Kong, 1995.

D.J. Finn. Archaeological Finds on Lamma Island near Hong Kong. The Hong Kong Naturalist 5 (1934).

R. Maglioni Archaeological Discovery in Eastern Kwangtung: the major writings of Fr. Rafael Maglioni (1891-1953). Journal Monograph II. Hong Kong: Hong Kong Archaeological Society, 1975.

Keiji Imamura. Prehistoric Japan: New Perspectives on Insular East Asia. Honolulu: University of Hawaii Press, 1966.

T.N. Chiu and V. Ward. A Barkcloth Beater (?). Journal of Hong Kong Archaeological Society 2 (1984-1985).

W. Meacham, Fu Tei Wan. Archaeological Investigations on Chek Lap Kok Island. Journal Monograph IV. Hong Kong: Hong Kong Archaeological Society, 1994.

W. Meacham. Middle and Late Neolithic at "Yung Long South". Archaeolog in Southeast Asia. Hong Kong: The University Museum and Art Gallery, The University of Hong Kong, 1995.

W. Meacham, Sham Wan. Lamma Island An Archaeological Site Study. Journal Monograph III. Hong kong: Hong Kong Archaeological Society, 1978.

W.Schofield.An Archaeological Stie at Shek Pik, Journal Monograph I. Hong kong: The Hong Kong Archaeological Society, 1975.

后　记

　　适逢中国共产党成立及仰韶文化发现和中国现代考古学诞生100周年，我们把这本书作为献礼。

　　100年来，几代考古人筚路蓝缕、不懈努力，取得一系列重大考古发现，展现了中华文明起源、发展脉络、灿烂成就和对世界文明的重大贡献，为更好认识源远流长、博大精深的中华文明发挥了重要作用。广东尤其是粤东沿海考古成果，在国内外研究者合作努力下，古文化发展序列初步得以建立。在20世纪三、四十年代，意大利著名学者麦兆良对粤东考古开创性的贡献，令人佩服，难以忘怀。我们为麦兆良考古的成就感到高兴，感到兴奋。为了怀念及追慕古人，本书是对我们对麦氏业绩敬重表示的一点心意。

　　本项目起初阶段，深圳著名考古学者李海荣博士曾参与及指导资料的整理。我们又十分幸运，在工作过程中得到香港马文光先生、黄韵璋女士、香港历史博物馆及香港中文大学前中国考古艺术研究中心的支持和帮助。最后，特别感谢科学出版社责任编辑的辛勤劳动和汕尾市文化广电旅游体育局的大力资助，没有他们的支持和努力，本书是不可能完成的。

　　知所从来，方明所往。回顾过去，展望将来。历史是最好的教科书，以史为鉴，开创未来，是当代中国共产党人高度的历史自觉和历史自信，也是我们这本书的意义所在。重视学习和总结历史，重视借鉴和运用历史经验，重视从历史中汲取智慧和力量，是我们党不断取得胜利的重要原因，是党的成功之道。

　　令我们感动的是，当得知我们对麦兆良的粤东藏品进行研究时，谢威宣局长即代表汕尾市文化广电旅游体育局表示大力支持，并应允由汕尾市文化广电旅游体育局予以经费资助出版。为此，本书以《中国东南沿海沙丘遗址考古先锋———意大利麦兆良粤东考古的研究》结项完成研究出版。

　　书中如有疏漏，尚祈批评指正，不胜感激。

编　者
2021年10月1日